Demystifying
SRI VIDYA

SMITA VENKATESH

BlueRose ONE.com DIY
Stories Matter
NewDelhi • London

BLUEROSE PUBLISHERS
India | U.K.

BlueRose ONE.com
Stories Matter
NewDelhi • London

For permissions requests or inquiries regarding this publication,
please contact:

BLUEROSE PUBLISHERS
www.BlueRoseONE.com
info@bluerosepublishers.com
+91 8882 898 898
+4407342408967

ISBN: 978-93-7018-834-1

First Edition: April 2025

GRATITUDE TO THE GURUS

With deep reverence and gratitude, I dedicate this book to all the esteemed Gurus who have illuminated my path with their wisdom and blessings. Their profound teachings and unwavering guidance have been the beacon of light in my spiritual journey. May their grace continue to inspire and uplift all seekers on the path of Sri Vidya.

śrī guru caraṇārpaṇamastu

ABOUT THE AUTHOR

Guru Maa stands as one of our era's most qualified spiritual authorities, and a contemporary mystic with an extraordinary journey of over **35-years** in Tantric practice beginning at the tender **age of fifteen**. Born into an illustrious lineage of **Tantric masters from Banaras,** her spiritual foundations were established from childhood, steeped in the ancient wisdom of her ancestors.

Her exceptional spiritual qualifications stem from direct initiations by some of the greatest Tantric masters of modern times. She received her Sri Vidya initiation from Param Pujya **Dattatreyanandanath** Ji, a direct disciple of the revered **Karpratri Ji Maharaj**. Her father, the renowned **Swami Divya Chetanand Ji**, was among the most sought-after Tantrik Gurus of his time and a devoted student of both the legendary **Dr. Narayan Dutt Shrimali** (Paramhans Swami Nikhileshwaranand Ji) and **Baba Bhootnath Ji,** one of the foremost Kamakhya devotees of the modern era. Baba Bhootnath Ji is a figure to Kamakhya what **Ramkrishna Paramhans** is to Kali, representing the highest embodiment of devotional mastery in this sacred tradition.

Her sadhana journey is remarkably comprehensive, encompassing mastery of all **Ten Mahavidyas** and all major **Satvik Tantric traditions.** Beyond Tantra, she has delved deeply into **Kriya Yoga** and **Buddhist practices**, ultimately finding her spiritual home in **Rasopasana**. This diverse spiritual foundation allows her to present ancient wisdom with rare depth and authenticity, following the pure Samyachaar tradition of Sri Vidya propagated by **Adi Guru Shankracharya** that emphasizes purity, devotion, and righteousness.

Though a traditional spiritual teacher, Guru Maa is thoroughly modern in her approach and education. After completing her **Bachelor's in Engineering** and **MBA** from **Mumbai University**, she excelled in the corporate world before fully embracing her spiritual calling. Her scholarly dedication earned her a **gold medal** in **Sanskrit** from **Kavi Kulguru Kalidas Sanskrit University**, enabling her to study and interpret sacred texts directly from their original sources—including the **Shreemad Bhagwat, Bhagavad Gita, Tripura Rahasya, Lalita Sahasranama**, and numerous others.

Today, Guru Maa leads a balanced life in the United **States** with her husband**,** a successful entrepreneur, and their two children. This harmonious integration of profound spiritual practice with family life and professional background makes her teachings particularly accessible to contemporary seekers. She returns to India annually for several months to conduct shivirs, meet students, and share the timeless wisdom she has mastered through decades of rigorous sadhana.

As the author of four definitive books on **Sri Vidya, Kali Tantra**, and **Kamakhya Tantra**, Guru Maa brings to this work not only theoretical knowledge but also the lived experiences and spiritual authority that can only come from the guidance of unbroken lineage and her own dedicated sadhana that spans over decades under the guidance of India's most revered Tantric masters.

Contact details

1. Email: smitavenkatesh108@gmail.com
2. **Official Website:** https://smitavenkatesh.com/
3. **Youtube channel:** https://www.youtube.com/@smitavenkatesh
4. **Instagram ID:** smitavenkatesh.108/
5. **Medium blog:** https://medium.com/@smitavenkatesh

ABOUT THE BOOK

Welcome to the enchanting world of Sri Vidya, a spiritual path that connects you with the Divine Mother and guides you towards inner peace and enlightenment. Sri Vidya is one of the Ten **Mahavidyas,** also known as **Shodashi Mahavidya** or **Tripura Sundari Mahavidya.** The divine mother Lalita Maha Tripurasundari is the presiding deity of this Mahavidya.

Sri Vidya is considered the most detailed and complex of all the Mahavidyas. Those who engage with its practices are said to reap the benefits of all the Mahavidyas. This tradition is filled with meaningful rituals and powerful mantras designed to awaken your inner self and connect you with the universe.

This book breaks down these profound practices into easy-to-understand sections, making them accessible and helping you integrate them into your daily life. For centuries, these profound teachings have remained a well-guarded secret, inaccessible to many. But in this book I have simplified the most complex concept of Sri Vidya so that they can be understood by any genuine seeker. Whether you're just starting out or looking to deepen your existing practice, you'll find valuable insights and practical steps here.

What You'll Explore

- **Tantrokt Guru Pujan and Daily Rituals:** Learn how to honor your Guru and perform daily rituals that cleanse your body, mind, and soul. These practices are the building blocks of your spiritual journey. Tantrokt Guru Pujan is the most important aspect of Sadhna in our lineage and should be done first thing in the morning.
- **Protective Practices**: Discover how to invoke guardian deities and perform protective rituals to shield yourself from negative energies, ensuring a safe and unhindered spiritual journey.
- **Sri Yantra Worship:** Discover the deeper meaning of Sri Yantra, a sacred geometric symbol that represents the cosmos and the divine feminine. You'll learn how to worship the 180 deities present in Sri Yantra in nine different enclosures and use its energy to transform your spiritual practices.
- **Patra Sadhana:** Dive into the practice of **Patra Sadhana,** which involves the use of sacred vessels and symbols to deepen your connection with the divine.
- **Mantras and Sadhanas:** Explore a variety of mantras and spiritual practices that are central to Sri Vidya.
- **Antaryaga & Bahiryaga:** Sri Vidya Practices are broadly divided into two parts **Bahiryaga (external rituals)** and **Antaryaga (Internal Practices)**. In this book we cover both parts. While Sri Yantra worship and Patra Sadhan come in Bahiryaga, practices like Bhuta Shuddhi (Purification of five elements inside us), Matrikanyasa (Awakening the power of syllables insides us), Atma Pran Pratishtha (Self consecration) come under Antaryaga. These concepts have been explained in detail in this book.
- **Deity Worship**: We cover the sadhanas of other deities revered in Sri Vidya, such as **Mahaganapati, Matangi, Bhuvneshwari,** and **Varahi.** Each deity brings unique

blessings and insights to your practice. This book covers their Nyasa, Mantras, and Dhyan.

- **Fire Sacrifice Rituals (Homam):** Understand the importance of fire rituals, which purify your environment and invite divine blessings. Learn how to perform these rituals and the mantras associated with them.

Importance of a Guru

While this book serves as a valuable resource for practicing Sri Vidya, it is important to note that it is not a replacement for the guidance of a Guru. A Guru is essential for progressing on the path of spirituality, especially in the realm of tantra. If you do not already have a Guru, we strongly encourage you to seek one to guide you through your spiritual journey.

Your Spiritual Journey

Sri Vidya is more than just a set of rituals; it's a way of life. It's about finding inner peace, self-discovery, and ultimately, union with the divine. This book is here to guide you on yourself exploration journey through Sri Vidya with simplicity and depth. May your journey be filled with light, love, and divine grace. Welcome to the world of Sri Vidya.

TABLE OF CONTENT

GRATITUDE TO THE GURUS **1**
ABOUT THE AUTHOR **2**
Contact details 3
ABOUT THE BOOK **4**
What You'll Explore 4
Importance of a Guru 5
Your Spiritual Journey 5
SYNOPSYS OF SRI VIDYA **12**
Sri Vidya Sequence of Sadhanas 12
Initiation Sequence 12
Sadhana Rituals 12
Alternative Option 13
MANUAL FOR PRACTICING SRI VIDYA **14**
Non initiated Sadhaks 14
Initiated Sadhaks 14
TANTROKT GURU PUJAN **16**
Early Morning Mental Guru Pujan 16
Chaur Mahamantra nyasa 16
Meditating on the Guru 16
Mentally worshiping the guru 17
Kara Nyasa (Energizing the palm) 17
Anga Nyasa 17
Surrender Mantra 18
Guru Stotra 18
DAILY WORSHIP RITUALS **19**
Guru and Ganesha Invocation 19
Purification Mantra 19
Shikha Bandhan 19
Applying Bhasma (Ashes) 19
Self-purification with water: 19
Worship of Mother Earth 20
Worship of Asana (Seat) 20
Worship of Guru lineage 20
Kalash Sthapana 21
Purification of Flowers 21
Establishment of Shankha (Conch) 21
Ringing the Bell 21
Worship of Digpāla (Guardians of ten directions) 21
Worship of the Dvārapāla (Guardians of the temple) 22

Mantra for seeking forgiveness 22
Mantra for purification of body, mind and speech 22
Lamp Offering 22
Salutations to the witness deities 22
Circle of Fire 23
Soul Protection: 23
Prayer to Bhagavan Ganesha to remove obstacles 23
Prayer to the Nine Planets 23
Prayer to Vastu-Purusha (Guardian of the land) 23
Prayer to Bhairava 23
Sankalpa Mantra 23
DAILY SADHANA MANTRA 24
Ganesha Mantra 24
Guru Mantra: 24
Bhairav Mantra 24
Gayatri Mantra 24
Chetna Mantra 24
Amrita Mantra 24
Shanti Mantra 25
Tejas Mantra 25
Kayakalp Mantra 25
Prayashchit Mantra 25
Ishta Mantra 25
BAHIRYAGA KRIYA 28
(EXTERNAL RITUALS) 28
Bramhvidya Sampradaya Guru Strotram 28
Sri Guru Paduka Panchakam 28
Guru Pujan - Simple 29
Guru Paduka Mantra 29
HOME ALTAR WORSHIP 30
Entering the altar 31
Achaman Mantra 31
Ganesh Puja 31
Bhairav Puja 31
Panchopchar Puja 31
Pranayama 32
Sankalpa (Take resolution) 32
Asana Puja (Worship the seat) 33
Offer flowers to worship the earth 33
Protection of body 33
Dikbandh (Locking the ten directions) 34

Astra Mantra 34
Seeking Blessing 34
SRI NAGAR PUJAN 38
Deep Pujan 40
PATRA SADHAN 40
Brief Introduction 40
Materials needed for Navavarana Puja 41
Preparation and Conduct 41
Offerings during each Avarana 41
Introduction to the vessels 43
Panchapatra and Panchamakara (Symbolism of the Five M's) 44
Vardhini Kalash Sthapana 46
Establishing the Samanya Arghya Patra 47
Establishing Vishesh Arghya Patra 52
Sudha Devi Puja 57
Shuddhi Sanskar 59
Establishing Guru Patra and Atma Patra 59
SRI YANTRA INTRODUCTION 66
SRI YANTRA WORSHIP RITUALS 68
Kara Nyasa 68
Yantroddhar (Consecration & Activation of Yantra) 68
3. Consecrate the Yantra with Tattva Mudra. 68
9. Visualise the deities mentioned in the following mantras in the base of the lotus 69
a. (aiṃ Hreem śrīṃ) (aiṃ klīṃ sauḥ) vicitra ānanda bhūmayai namaḥ 69
Chaturayatan Puja 71
Sixty-four Upchar Puja 71
Balashadang Nyasa 79
Worship of Nitya Devis 80
Sri Chakra Avaran Puja 80
Nav Avarana (Nine enclosures) puja 84
DEVI KHADGAMALA 111
Prayer 111
Viniyog 111
Dhyanam 111
Panchopchar Puja 111
Strotram 112
ANTARYAGA KRIYA 115
Bhoot Shuddhi 116
Atma Prana Pratishtha 117
Vighnotsaranama (Removing Inner Obstacles) 117
Matrika Nyas 118

KARSHUDDHI ADI NYAS ... **124**
Kara shuddhi (Energizing the hands) Nyas ... 124
Atma Raksha Nyasa ... 124
Bala Shadang Nyasa ... 125
Chatur asana nyasa ... 125
Vagdevata Nyasa ... 125
Bahischakra Nyas ... 126
Antaschakra Nyasa ... 128
MAHA GANAPATI SADHANA ... **132**
Viniyoga ... 132
Rishiyadi Nyas ... 132
Kara Nyasa ... 132
Hridyadi Nyas ... 132
Dhyan Mantra ... 132
Mantra ... 133
Total Mala Count for Siddhi ... 133
Glories of Mahaganapati ... 133
VARAHI SADHNA ... **137**
Viniyoga ... 137
Kara Nyasa ... 137
Hridyadi Nyasa ... 137
Dhyan ... 137
Panchopachara Puja ... 138
112 Letter Mantra ... 138
Raksha Manrtra ... 138
Swapna Varahi Mantra ... 138
Laghu vartali ... 138
For wealth ... 138
Protection from enemies and unfavourable situations ... 138
Total Mala Count for Siddhi ... 138
Glories of Varahi ... 139
MATANGI SADHANA ... **142**
Viniyoga ... 142
Rishyadi Nyas ... 142
Kara Nyasa ... 142
Hridyadi Nyasa ... 142
Dhyan ... 142
Mantra ... 143
Total Mala Count for Siddhi ... 143
Matangi Mahatmya (Glories of matangi) ... 143
BHUVANESHWARI SADHANA ... **146**

SYNOPSYS OF SRI VIDYA

Sri Vidya Sequence of Sadhanas

1. **Guru**
2. **Maha Ganapati**
3. **Bhairav**
4. **Varahi**
5. **Raj Matangi**
6. **Bhuvneshwari**

Initiation Sequence

1. **Updeshi** - Guru, Ganpati, Bhairav
2. **Sambhavi** - Vagbeej (Secret mantra from the lineage)
3. **Shakti** - Bala, Raja Matangi, Bala Gayatri, Bhuvaneshwari, Matangi, Varahi, Mahaganapati
4. **Maha Abhishek** - Panchadashi
5. **Purnabhishek** - Shodashi

Sadhana Rituals

Sadhana has six parts:

a. **Anushthan** - Doing a specific count of Japa as instructed by the Guru and all the other rituals mentioned in this book.
b. **Homam** - Offering to the Devatas by fire sacrifice
c. **Tarpana -** Offering water to pacify the Devatas
d. **Marjana -** Offering water to us to pacify the inner Devatas
e. **Donation -** Offering donation to the Guru
f. **Charity -** Feeding the needy

Let's understand the process by taking an example where Guru has instructed you to chant a mantra 125,000 (1250 mala) times. Then you must follow the process mentioned below.

1. **Mantra Chanting -** Chant the mantra **125,000 (1250 mala)** times. This can be done over several days or weeks, depending on your schedule and commitment.

2. **Fire Oblations (Homa)** - Offer 12,500 oblations into the sacred fire, which is 1/10th of the total mantra count. You can perform a fixed number of oblations daily or gradually increase the number until all 12,500 oblations are completed.

3. **Tarpana -** Conclude the homa with Tarpana, which involves offering water to the deities. The number of Tarpana offerings should be 1/10th of the total fire oblations, which is 1,250.

4. **Marjana -** Perform Marjana by sprinkling water on the crown of your head. The total number of Marjana should be 1/10th of the Tarpana count, which is 125.

5. **Seeking Blessings -** After completing the fire oblations, seek blessings from your Guru. Offer fruits, flowers, and gifts to the Guru as a token of gratitude.

6. **Donations -** Make donations to temples and do charity to the needy to complete the sadhana process.

Alternative Option

1. If you are unable to perform the Homa, Tarpana, and Marjana, you can compensate by chanting additional mantras.
2. Instead of 125,000 chants (equivalent to 1,250 malas), you can chant 1,400 malas.
3. Additionally, offer donations to your Guru and engage in charitable activities.

MANUAL FOR PRACTICING SRI VIDYA

The elaborate rituals and practices in this book might seem daunting to a new Sadhak and they might feel lost as to how to practice Sri Vidya. So here is a quick guide that might help any new Sadhak in practicing Sri Vidya.

Non initiated Sadhak

1. Non initiated Sadhaks should learn and practice following hymns daily
    a. Lalita Sahasrnama
    b. Lalita Trishati
    c. Devi Khadgamala
    d. Saundarya Lahari
2. If you can't do all four daily, then first learn Lalita Sahasrnama and learn other stotras eventually. Non initiated sadhaks can also practice following rituals
    a. Sri Yantra Worship
    b. Matrika Nyas
    c. Patra Sadhan
    d. Bhoot Shuddhi (Purification of five elements)
    e. Atma Prana Pratishtha (Self Consecration)
    f. Homam
    g. Mudras (You can find the mudra video on our YouTube channel https://www.youtube.com/@smitavenkatesh)

Initiated Sadhak

1. Initiated Sadhak should do following daily:
    a. Tantrokt Guru Pujan
    b. Daily Sadhana rituals & mantras
    c. Bhoot Shuddhi
    d. Atma Prana Pratishtha
    e. At least 1 mala of all the initiated mantras
    f. 11 malas of your anusthan mantra
    g. Try to learn one of the rituals taught in this book by practicing it for few weeks and then move to other rituals/practice
        i. Matrika Nyasa
        ii. Sri Yantra worship
        iii. Patra sadhana

2. If there is constraint of time, then you should at least do following
    a. Tantrokt Guru Pujan
    b. Daily Sadhana rituals
    c. Daily mantras
    d. 11 malas of your anusthan mantra

Note: Tantrokt Guru Pujan, Daily Sadhana Rituals and method is explained in the Part 1 of this book called Daily Rituals.

PART - 1

DAILY RITUALS

TANTROKT GURU PUJAN

(Worshipping the Guru in Tantrik way)

Early Morning Mental Guru Pujan

After waking up in the morning, sit and meditate on the bed itself. Chant "Om Hraum" 108 times.

Chaur Mahamantra nyasa

Place your hand on the following body parts and chant the Beej Mantra written in front of the mantra. The number of repetitions is given in front of the mantra.

For example

- Place your right hand on your heart and recite **Kreem 10 times**.
- Place your right hand on your right eye and your left hand on your left eye and recite Hreem 20 times.

Note - Genitals and Anus should be done mentally

S.no	Body Part	Mantra	Repetition
1	Heart	Kreem	10
2	Both Eyes	Hreem Hreem	20
3	Both Ears	Hreem Hreem	20
4	Both Nostrils	Hum Hum	20
5	Mouth	Streem Streem	10
6	Navel	Kleem	10
7	Genitals	Hasauh	10
8	Anus	Bloom	10
9	Between Eyebrows	Hoom	10
10	Head	Hreem Streem Kleem	10

Meditating on the Guru

Meditate on the Guru in the Heart, Third eye, and Crown chakra. For meditation, you can use the following meditation mantra or other meditation mantra of the Guru.

Om varābhaya karaṃ śāntaṃ śukla-varṇa saśaktikam|
jñānānanda mayaṃ sākṣāt sarva-brahma-svarūpakaṃ ||

dhyāyecchirasi śuklābje dvinetraṃ dvibhujaṃ guruṃ |
śvetāmbara-paridhānaṃ śveta mālyānulepanaṃ ||

varābhaya karaṃ śāntaṃ karuṇāmaya vigrahaṃ
vāmenotpala dhāriṇyāṃ śaktyāliṃgitaṃ vigrahaṃ
smerānanaṃ suprasannaṃ sādhakābhīṣṭa dāyakaṃ ||

Mentally worshiping the guru

Do mental *panchopachara* (Five fold worship of the Guru) and mentally offer them fragrance, scented flowers, incense, lamp, & naivedya etc.

1. ***Aieng kaniṣṭhikā-bhyāṃ laṃ pṛthivy ātmakaṃ gandhaṃ saśaktikaṃ śrī guruve samarpayāmi namaḥ*** (Offer Fragrance)
2. ***Aieng anguṣṭhā-bhyāṃ haṃ ākāśa ātmakaṃ puṣpaṃ saśaktikaṃ śrī guruve samarpayāmi namaḥ*** *(*Offer Flowers*)*
3. ***Aieng tarjanī-bhyāṃ yaṃ vāgva ātmakaṃ dhūpaṃ saśaktikaṃ śrī guruve samarpayāmi namaḥ*** *(*Offer incense*)*
4. ***Aieng madhyamā-bhyāṃ raṃ hridaya ātmakaṃ dīpaṃ saśaktikaṃ śrī guruve samarpayāmi namaḥ*** (Offer Lamp)
5. ***Aieng anāmikā-bhyāṃ vaṃ amṛta ātmakaṃ naivedyaṃ saśaktikaṃ śrī guruve samarpayāmi namaḥ*** (Offer food)
6. ***Aieng karatala karapriṣṭhā-bhyāṃ saṃ sarva ātmakaṃ saśaktikaṃ śrī guruve samarpayāmi namaḥ*** (Offer mind, body, heart)

Kara Nyasa (Energizing the palm)

Feel that you are the child of Shiva Shakti. Your Guru is the embodiment of Shiva Shakti and their energy is flowing within you. Do Nyasa to establish the Guru's energy within you. You can do Nyasa with any one of the series of mantras given in the table below. Either do the whole Kara Nyasa with *Shri Guruve Namah* or with *Beej Mantra* or with the mantras given in the 3rd series. Just feel that the energy of the Guru is being established in your fingers.

S.no	Finger	Mantra 1	Mantra 2	Mantra 3
1	Thumb	Shri Guruve Namah	Gaam	śrī anguṣṭhābhyāṃ namaḥ
2	Index finger	Shri Guruve Namah	Geem	gu tarjanībhyāṃ svāhā
3	Middle finger	Shri Guruve Namah	Goom	ra madhyamābhyāṃ vaṣaṭ
4	Ring finger	Shri Guruve Namah	Gaim	vai anāmikābhyāṃ huṃ
5	Little finger	Shri Guruve Namah	Gaum	na kaniṣṭhikābhyāṃ vauṣaṭ
6	Front & back of Palm	Shri Guruve Namah	Gaha	maḥ karatala kara priṣṭhābhyāṃ phaṭ

Anga Nyasa

Just like Kara Nyasa, you can use any series of the mantras given in the table below to establish the Guru's energy in your body parts.

S.no	Body Part	Mantra 1	Mantra 2	Mantra 3
1	Heart	Shri Guruve Namah	Gaam	Sri Hridayaya Namah
2	Head	Shri Guruve Namah	Geem	Gu Shirshe Swaha

3	Crown	Shri Guruve Namah	Goom	Ra Shikhayai Vashat
4	Both shoulders	Shri Guruve Namah	Gaim	Vai Kavachaya Hum
5	Eyes and third eye	Shri Guruve Namah	Gaum	Na Netratrayaya Vaushat
6	Astra mudra	Shri Guruve Namah	Gaha	Ma Astraya Phat

Then chant "***Om parama tattvāya nārāyaṇāya gurubhyo namah***" 108 times.

Surrender Mantra

At last, surrender by chanting "***Aieng***" Guru Beej Mantra and ***Yoni Mudra***.

Om guhyati guhya goptrī tvaṃ gṛhāṇ asmat kṛtaṃ japaṃ
Siddhir bhavatu me' devi tvata prasādān maheśvari

Guru Stotram

Dedicate your prayers to the Guru by reciting the following stotra or any other stotra.

Akhaṇḍa maṇḍalā kāraṃ vyāptaṃ yena carā caram |
tatpadaṃ darśitaṃ yena tasmai śrīgurave namaḥ ||

na guror adhikaṃ tattvaṃ na guror adhikaṃ tapaḥ |
Tattva jñānāt paraṃ nāsti tasmai śrīgurave namaḥ ||

Ajñāna timir āndhasya jñān āñjana śālākayā |
Cakṣur unmīlitaṃ yena tasmai śrī gurave namaḥ ||

namostu guruvai tasmai iṣṭa deva svarūpiṇe |
yasya vāg āmṛtaṃ hanti viṣaṃ saṃsāra saṃjñakam ||

bhava pāśa vināśāya jñāna dṛṣṭi pradarśine |
namaḥ tubhyaṃ bhukti mukti pradāyine ||

narākṛti para brahma rupāya agyana hāriṇe |
kula dharma prakāśāya tasmai śrī guruvai namaḥ ||

In this way, pay obeisances to the Guru with and do Pranayam with ***Aieng*** Beej.

śrī guru caraṇārpaṇamastu

DAILY WORSHIP RITUALS

Guru and Ganesha Invocation

First of all, meditate on Guru and Ganesha. Offer flowers on their picture. Join the palms together and chant the following mantras.

- Awaken the Guru tattva by chanting the Guru mantra "***Om Gum Gurubhyo Namah***".
- Then chant "***Om Gum Ganapataye Namah***" and remember Lord Ganesha.

Purification Mantra

Then dip a flower in the water of a small cup filled with water (***Aachman Patra***) and sprinkle water on the head while chanting the following mantra and feel that you have become completely pure.

Om apavitro pavitro vā sarva āvasthāma gato api vā
yaḥ smareta punḍarīk ākṣa sarva bāhya abhyantara śucih

Meaning- Remembering the lotus eyes of Bhagavan Vishnu purifies us, both within and without, regardless of our state.

Shikha Bandhan

Then tie the Shikha, a tuft of hair on the crown of your head while chanting the following mantra.

Om maṇidhāriṇi vajriṇī mahā pratisare rakṣa rakṣa huṃ phaṭ svāhā

Applying Bhasma (Ashes)

Make three lines on the forehead with Bhasma and chant the following mantra.

Om tryambakam yajāmahe sugandhim puṣṭi vardhanam|
urvarukmiva bandhanān mṛtyor mukṣīya māmṛtāt||

Self-purification with water:

Take water from *Achaman Patra* and sprinkle it on yourself and then sip the water after reciting the mantras given below.

aiṃ ātma tattva śodhayāmi svāhā	First Achaman
Hreem vidya tattva śodhayāmi svāhā	Second Achaman
klīṃ śiva tattva śodhayāmi svāhā	Third Achaman
aiṃ Hreem klīṃ sarva tattva śodhayāmī svāhā	Fourth Achaman

Worship of Mother Earth

Offer flowers to the earth with your left hand and chant the following mantra.

Om hreem aadhaara shaktaye namah

Worship of Asana (Seat)

After worshiping Mother Earth, the seeker should worship their Asana. Make a small triangle with vermillion under your asana and cover it with the asana while chanting the following mantra:

Om āḥ surekhe vajre rekhe huṃ phaṭ svāhā

After this, sprinkle water on the mat of the asana and worship the asana while chanting these mantras.

Om kṣetrapālāya namaḥ

Nyasa-

Om pṛthvī āsana mantrasya merupṛṣṭha ṛṣiḥ. sutalaṃ chandaḥ kūrmo devatā. āsane viniyogaḥ

Om pṛthvī tvayā dhṛtā lokā
devi tvaṃ viṣṇunām dhṛtā
tvam ca dhāraya mām devi
nityaṃ pavitram kuru cāsanaṃ

(Salutations to Mother Earth who supports all sentient beings and is supported by Bhagavan Vishnu. I bow to you who supports me, please purify my asana.) Thereafter, to further purify your asana, apply five vermilion dots on the asana while chanting the following mantras.

1. ***Om pṛthviyai namaḥ***
2. ***Om kurmāya namah***
3. ***Om anantāya namah***
4. ***Om vimalāya namah***
5. ***Om yogapeethāya namah***

Worship of Guru lineage

After performing Asana Puja, place five tiny mounds of raw rice on your left side and place a betel nut on each. Put a small vermilion dot on each of them and worship them as your gurus.

1. ***Om guṃ gurubhyo namaḥ***
2. ***Om paṃ parama gurubhyo namaḥ***
3. ***Om paṃ parātpara gurubhyo namaḥ***
4. ***Om paṃ parameṣṭhi gurubhyo namaḥ***
5. ***Om paṃ parāpara gurubhyo namaḥ***
6. ***Om siddhāśramāya namaḥ***
7. ***Om siddhāśramasya sarva ṛṣibhyo namaḥ***

(Salutations to my Guru and his predecessors. Salutations to all the saints of Siddhashram)

Kalash Sthapana

Place water in a kalash (waterpot) and visualize that all the auspicious essence of India's sacred rivers is entering the water in the kalash. Offer rice and flowers, chant the mantra ***"vaṃ varuṇāya namaḥ"*** eleven times, and then purify it by chanting the following mantras:

om Hreem sāmānya arghya sthāpayāmi
om brahmāṇḍopari tīrthāni karaiḥ spṛṣṭhāni te rave
tena satyena me deva tīrtham dehi divākara||

om gange ca yamune caiva godāvari sarasvati|
Naramade sindhu kāveri jale asmin sannidhim kuru ||

Now, offer flowers in all four directions and place a dot of **sindoor (vermilion)** in the east, north, west, and south directions of the pot respectively.

1. ***om purve ṛg vedāya namaḥ***
2. ***om uttare yajur vedāya namaḥ***
3. ***om dakṣiṇe sāma vedāya namaḥ|***
4. ***om paścime atharva vedāya namaḥ***

After this, sprinkle water on all the items used for the puja and on yourself.

Purification of Flowers

Sprinkle water on the flowers used for the puja to purify them.

om puṣpe puṣpe mahā puṣpe supuṣpe puṣpa
saṃbhave puṣpa cayāvikarṇe hum phaṭ svāhā

Establishment of Shankha (Conch)

Place a conch shell near the water vessel. Worship it with sindoor, flowers, and rice.

Ringing the Bell

During the puja, the practitioner should ring the bell to welcome all auspicious energies and drive away all the negative energies.

Worship of Digpāla (Guardians of ten directions)

Chant the mantra given below (ten times) to worship the deities of ten directions. Offer flowers and rice to all ten directions.

Om indrādi dikpālebhyo namaḥ

Worship of the Dvārapāla (Guardians of the temple)

Chant the mantra given below (four times) to worship the deities. Offer flowers and rice to all four directions, starting from the East and moving clockwise.

Om gaṇeś ādi dvārapālebhyo namaḥ

Mantra for seeking forgiveness

Now we should visualise that our sinful body is burnt and reduced to ashes. Chant the following mantra to burn all the sins and become pure. Feel that all the sinful reactions of any activity done through mind, action and speech have been destroyed and you have become like Shiva.

Om devī tvat prakṛti chintam pāpākrāntam bhūnama
tannissarantu chintānme pāpaṃ huṃ phaṭa ca te namaḥ

Mantra for purification of body, mind and speech

This mantra purifies the seeker and makes him capable of worshiping the deities in a pure state.

aḥ huṃ phaṭ svāha

Lamp Offering

Fire god is a living deity and by chanting this mantra the seeker seeks his blessings and makes him a witness to meditation and sadhana.

daṃ dīpanāthāya namaḥ

Salutations to the witness deities

The five elements which are air, water, earth, sky, fire are universally present and are witnesses of all our auspicious and inauspicious deeds. By chanting the following mantra we pay our respects to them and seek their blessings.

sūryaḥ somo yamaḥ kālo mahā bhūtāni pañcaca
ete śubhāśubha syeḥ karmaṇo bhava sakṣiṇaḥ

Removing possible obstacles in worship

This mantra removes all the obstacles coming during worship.

Om sarva vighna anutsarāya huṃ phaṭ svāhā

OR

Om apasarpantu te bhūtā ye bhūtā bhūmi samasthitā: ye bhūtā vighna kartāras te naśyantu śivaājñāyā

Now hit the ankle of the left foot on the ground three times while saying ***"Phat" "Phat".*** With this, obstacles on the ground are removed.

Circle of Fire

Imagine that you are sitting in a circle of fire and simultaneously chant the basic syllable ***"Ram" "Ram"*** and imagine all evil energies are staying outside the circle. Feel the protection of the fire god.

Soul Protection:

Pray to Goddess Durga to protect your soul and direct your spiritual energy in the right direction.

Om durge rakṣiṇī huṃ huṃ phaṭ svāhā

Prayer to Bhagavan Ganesha to remove obstacles

All worship is successful only when Ganesha is pleased. So, we pray to him through the following mantra to remove all the problems that come in the way of our sadhana.

Om sarva vighna harastasmai śrī gaṇādhipataye namaḥ

Prayer to the Nine Planets

We worship the nine planets with the following mantra and also seek their blessings.

brahmā murāri tripurāntakāriḥ bhānuḥ śaśiḥ bhūmisuto buddhaśca
guruśca śukraḥ śani rāhu ketavaḥ sarve grahān śāntikaraṇabhavantu

Prayer to Vastu Purusha (Guardian of the land)

Vastu purusha is worshipped by offering flowers and rice while chanting the following mantra.

Om vāstu puruṣāya namaḥ

Prayer to Bhairava

Bhairava is the supreme protector. In all tantrik sadhanas one has to take permission from him before starting the sadhana. If Bhairava is pleased, then one gets results very soon. If Bhairava is pleased, then the Mother Goddess is pleased.

tīkṣṇa danta mahākāya kalpānta dahanopama
bhairavāya namastubhyam anugyam dātumarhasi

Sankalpa Mantra

Take a resolution for chanting by the following mantra.

mamopāta samasta duritākṣaya dvāra, śrī parameśvara
prīthyārtham, śrī devīprasāda siddhyārtham, asmākam sakuṭumbakam,
kṣema, dhairya, vijayā, āyuh,
ārogya, aiśvarya, abhivṛddhi arthaṃ, manobhiṣṭa kāmya arthaṃ,
siddhi arthaṃ, mantra japaṃ, aham kariśye

I am chanting this mantra to remove all the problems and sufferings of life, to please Bhagavan and Bhagwati to obtain longevity, strength, victory, materially and spiritually successful life, health and wealth for myself and my family.

śrī guru caraṇārpaṇamastu

DAILY SADHANA MANTRA

Before starting the ritual, chant the following mantras. Chant each mantra at least five times. If time permits, increase the number of chants.

Ganesha Mantra

Salutations to Ganpati with the root letter 'gaṃ'.

Om gaṃ gaṇapataye namaḥ

Guru Mantra:

1. ***Om parama tattvāya nārāyaṇāya gurubhyo namaḥ***
   Salutations to Narayana, the Supreme Reality in the form of Guru.
2. ***Om treem treem trijaṭāya namaḥ***
   Salutations to Guru Trijata with the basic syllable 'Treem'.
3. ***Om kreeṃ kreeṃ bhūtanāthāya namaḥ***
   Salutations to Guru Bhootnath with the original letter 'Kreem'.
4. ***Om hleem divya cetanānandāya hleem Om svāhā***
   Salutations to Guru Divya Chetanananda with the basic syllable 'Heem'.
5. ***klīṃ lalitāśaraṇa smitāmbākāyai klīṃ svāhā***
   Salutations to Lalita Sharan Smitambika with the basic syllable 'Kleem'.

Bhairav Mantra

Salutations to Bhairava with the root letter 'Bham'.

Om Hreem bhaṃ bhairavāya namah

Gayatri Mantra

We meditate on the radiance of the Sun God and the luminous God who is present in the Earth, Bhuvarloka and Swarloka. May that radiance of God inspire our intellect to follow the right path.

Om bhūr bhuvaḥ svaḥ tat savituḥ vareṇyam
bhargo devasya dhīmahi dhiyo yonaḥ pracodayāt

Chetna Mantra

(While chanting the mantra, imagine, "I am a pure conscious being. I am part of Shiva. Let my prana, body, every channel in the body and all cells be conscious. We are bundles of energy, all our cells and channel are opened to receive this energy, pure consciousness and bliss from Shiva, Shakti and our Gurus)

Om Hreem mama prāṇa deha roma pratiroma
caitanya jāgraya Hreem Om namaḥ|

Amrita Mantra

I am an eternal being. Let my consciousness reach self-realization.

Om ātmaprāṇa caitanya pūrṇatva siddhim
aieng hreem shreem namaḥ

1. **Aieng** - Give me the wisdom to reach the highest stage of realization.
2. **Hreem** - Goddess Bhuvaneshwari gives me all that will help me achieve my spiritual goals.
3. **Shreem** - May I always have material prosperity to aid me in my spiritual journey.

Shanti Mantra

(The Mother removes all obstacles in life and blesses the devotee with good children, peace, happiness, wealth and spiritual prosperity.)

sarva bādhā vinirmukto dhana dhānya sutānvitaḥ
manuṣyo mata prasādena bhaviṣyati na sanśayaḥ

Tejas Mantra

Om Hreem huṃ huṃ tejase huṃ huṃ Hreem Om phaṭ

Kayakalp Mantra

Om mama samasta deha roma antarbāhya jāgraya kāyākalpāya phaṭ

Prayashchit Mantra

Om bhutāya tvāṃ deha prāyaścitama
parimārjanama deha bhutāya phaṭ

(This repentance mantra burns away whatever was done by the old body. Now we are new spiritual beings, energized and ready to chant our favorite mantras.)

Ishta Mantra

1. Sadhna of the Japa Mantra as received from the Guru.
2. All the above mantras should be chanted 5 times before starting the Japa mantra.
3. After finishing your Sadhna, these mantras should be chanted in reverse order,
4. Starting from Prayashchita to Ganesh Mantra.
5. Finally, mentally dedicate your Japa to Guru and Devi Maa. Ask for forgiveness by chanting the following.

āvāhanaṃ na jānāmi na jānāmi visarjanam|
pūjāṃ caiva na jānāmi kṣamyatāṃ parameśvari||

mantrahīnaṃ kriyāhīnaṃ bhaktihīnaṃ sureśvari|
yatpūjitaṃ mayā devi paripūrṇaṃ tadastu me||

yadakṣara pada bhraṣṭaṃ mātṛhīnaṃ tu yadbhavet|
tatsarvaṃ kṣamyatāṃ devī nārāyaṇī namostute||

visarga bindu mātrāṇi padapādakṣarāṇi ca|
nyūnānī cātirikatāni kṣamaśva parameśvarī ||

anyathā śaraṇaṃ nasti tvameva śaraṇaṃ mama
tasmāt kāruṇya bhāvena rakṣa rakṣa maheśvari ||

kāyena vācā manase indriyairvā
buddhi-ātmanā vā prākṛteḥ svabhāvāt||

karomi yad-yat-sakalaṃ parasmai
nārāyaṇāyeti samarpayāmi ||

śrī guru caraṇārpaṇamastu

PART - 2

BAHIRYAGA

BAHIRYAGA KRIYA

(EXTERNAL RITUALS)

Brahmavidya Sampradaya Guru Strotram

śrīnāthādi gurū-traye gaṇapati pīṭha-trayaṃ bhairava,
siddhaughaṃ baṭuka-trayaṃ pādayugaṃ dyutīkramaṃ maṇḍalam
vīrān dvayaṣṭa catuṣkaṣaṣṭī navakaṃ vīrāvalī paṃcakaṃ
śrīmanmālini mantrarāja sahitaṃ vande gurormaṇḍalam ||

Translation - *I bow to my Guru (Śrīnātha), Param Guru, and Parameṣṭhī Guru. I salute the mantras of Gaṇapati, which are essential before initiation in Pañcadaśī. I bow to the three seats—Jālandhara, Pūrṇagiri, and Kāmarūpa—which symbolize the power of Mahākāmeśvarī, Mahāvajreśvarī, and Mahābhagamālinī. I salute the mantras of the nine Siddhas, the three Baṭukas, and the radiant and reflective two steps of the Devī. I venerate the mantras of the Agni, Sūrya, and Chandra mandalas, and the mantras of the nine Dūtīs. I bow to the mantras of the heroes who begin with the Bhairava of creation. I salute the mantras of the 64 Siddhas and the Navaka (nine mudrās). Along with this, I bow to the fivefold heroic assembly of Brahmā, Viṣṇu, Rudra, Īśvara, Sadāśiva and the five koshambas. I venerate the Guru mandala with the Mātṛkā Sarasvatī mantra (Mālinī) and the king of mantras, according to our tradition.*

namo brahmādibhyo brahmavidyā sampradāya kartṛbhyo
vanśa rṣibhyo mahadbhyo namo gurubhyaḥ |
sarvopaplava rahitaḥ prajñāna ghanaḥ
pratyag artho brahmaivāham asmi ||

Translation - *Salutations to Brahmā and others, to the tradition of Brahma vidya, to the founders, to the lineage of sages, to the great ones, and to the Gurus. I am free from all faults, filled with knowledge, and united with the soul.*

nārāyaṇaṃ padmabhuvaṃ vasiṣṭhaṃ śaktiṃ ca tatputraparāśaraṃ ca |
vyāsaṃ śukaṃ gauḍapādaṃ mahāntaṃ govinda yogīndram athāsya śiṣyam ||

Translation - *I bow to Nārāyaṇa, Padmabhū (Brahmā), Vasiṣṭha, Śakti, Parāśara, Vyāsa, Śuka, Gauḍapāda, and Govinda Yogīndra.*

śrīśaṅkarācāryamathāsya padmapādaṃ ca hastāmalakaṃ ca śiṣyam |
taṃ toṭakaṃ vārtikakāram anyān asmadgurūn santatamānato'smi ||

Translation - *I bow to Śrī Śaṅkarācārya, his disciples Padmapāda, Hastāmalaka, Toṭaka, and Vārtikakāra (Sureśvarācārya).*

śruti smṛti purāṇānām ālayaṃ karuṇālayam |
namāmi bhagavatpādaṃ śaṅkaraṃ loka śaṅkaram ||

Translation - *I bow to Bhagavatpāda Śaṅkarācārya, the abode of the Vedas (Śruti), Smṛti, and Purāṇas, and the abode of compassion.*

śaṅkaraṃ śaṅkarācāryaṃ keśavaṃ bādarāyaṇam |
sūtra bhāṣyakṛtau vande bhagavantau punaḥ punaḥ ||

***Translation** - I repeatedly bow to Śaṅkarācārya, Keshava, and Bādarāyaṇa, the authors of the Sūtras and their commentaries.*

īśvaro gururātmeti mūrti bhedavibhāgine |
vyoma vadvyāptadehāya dakṣiṇāmūrtaye namaḥ ||

***Translation** - I bow to Dakṣiṇāmūrti, who is divided into the forms of God, Guru, and the Self, and who is as pervasive as the sky.*

Sri Guru Paduka Panchakam

namo gurubhyo gurupādukābhyā|
namaḥ parebhyaḥ parapādukābhyaḥ ||
ācārya siddheśvara pādukābhyoṃ |
namostu guru pādukābhyaḥ || 1 ||

Salutations to all the Gurus, salutations to the Guru's feet. Salutations to the Gurus of Shri Gurudev, the entire guru lineage and their feet. Salutations to the feet of the Acharyas and the masters of Siddha Vidya. Salutations to Shri Guru's feet again and again.

kāmādi sarpa vrajagāruḍābhyāṃ |
viveka vairāgya nidhi pradābhyāṃ ||
bodha pradābhyāṃ druta mokṣadābhyāṃ |
namo namaḥ śrī guru pādukābhyāṃ ||

Salutations to the Gurus feet which removes the poison of the great serpents like lust, anger etc. Meditating on the Guru's feet nurtures wisdom and detachment from worldly pleasures. It gives supreme knowledge and provides salvation quickly. Salutations, salutations to the feet of Shri Gurudev.

ananta saṃsāra samudratāra, |
naukāyitābhyāṃ sthira bhaktidābhyāṃ ||
jāḍyābdhi saṃśoṣaṇa bāḍayābhyāṃ |
namo namaḥ śrī guru pādukābhyāṃ ||

Salutations to the Gurus feet. To cross the infinite ocean of worldly existence, the Guru's holy sandals are like a boat. To bestow unwavering devotion and to burn away the ocean of laziness, negligence, and ignorance, they are like fire. Salutations, salutations to the sacred feet of Shri Gurudev.

Guru Pujan - Simple

guru brahmā guru viṣṇu guru devo maheśvarā
guru sākṣāt parbrahma tasmai śrī gurave namaḥ

guṃ guruve namaḥ
śrī guruve pādukām pūjayāmi tarpayāmi namaḥ

Guru is the creator; Guru is the protector and Guru is the destroyer. Guru is perfect. We salute him, offer water and flowers at the feet of Guru.

Guru Paduka Mantra

Make Mrigi Mudra and offer flowers and sprinkle water at the feet of the Guru while chanting the following mantra:

Sriguru: Shri Lalita Sharan Smitamba

- ***(aiṃ, Hreem, śrīṃ) (aiṃ, klīṃ sauḥ) haṃsaḥ śivaḥ sohaṃ haskhphreṃ hasakṣamala varayūṃ hsauḥ sahakṣamalavarayīṃ sauḥ haṃsaḥ śivaḥ sohaṃ svarūpa nirūpaṇa hetave śrīgurave namaḥ | śrī lalitā śaraṇa smitāmbā śrīpādukāṃ pūjayāmi tarpayāmi namaḥ***

Paramguru: Swami Divya Chetnananda

- ***(aiṃ, Hreem, śrīṃ) (aiṃ, klīṃ sauḥ) sohaṃ haṃsaḥ śivaḥ haskhphreṃ hasakṣamala varayūṃ hsauḥ sahakṣamalavarayīṃ sauḥ sohaṃ haṃsaḥ śivaḥ svacchaprakāśa vimarśa hetave śrī paramagurave namaḥ |***

Parameshthiguru: Baba Bhootnath, Baba Trijata, Paramhamsa Nikhileshwarananda

- ***(aiṃ, Hreem, śrīṃ) (aiṃ, klīṃ sauḥ) haṃsaḥ śivaḥ sohaṃ haṃsaḥ haskhphreṃ hasakṣamalavarayūṃ hsauḥ sahakṣamalavarayīṃ sauḥ haṃsaḥ śivaḥ sohaṃ haṃsaḥ svātmārāmapañjara vilīna tejase śrīparameṣṭhi gurave namaḥ śrīpādukāṃ pūjayāmi tarpayāmi namaḥ||***
    a. ***śrī bhūtanāthāya śrīpādukām pūjyāmi tarpayāmi namaḥ |***
    b. ***śrī trijaṭāye śrīpādukām pūjyāmi tarpayāmi namaḥ |***
    c. ***Śrī paramahaṃsa nikhileśvarānandāya śrīpādukām pūjyāmi tarpayāmi namaḥ |***

śrī guru caraṇārpaṇamastu

HOME ALTAR WORSHIP

Entering the altar

1. ***aiṃ Hreem śrīṃ bhaṃ bhadrakālyai namaḥ***
   Offer flowers to Bhadrakali Devi on the right side of the altar
2. ***aiṃ Hreem śrīṃ bhaṃ bhairavāya namaḥ***
   Offer flowers to Bhairav on left side of the altar
3. ***aiṃ Hreem śrīṃ laṃ lambodarāya namaḥ***
   Offer flowers to Ganesh on the top of the altar

Achaman Mantra

1. ***aiṃ ātmatattvaṃ śodhayāmi svāhā***
2. ***Hreem vidyātattvaṃ śodhayāmi svāhā***
3. ***śrīṃ śivatattvaṃ śodhayāmi svāhā***
4. ***aiṃ Hreem śrīṃ sarvatattvaṃ śodhayāmi svāhā***

Ganesh Puja

vakratuṇḍa mahākāya sūryakoṭi samaprabha |
nirvighnaṃ kuru me deva sarva kāryeṣu sarvadā ||

śrī gaṇeśāya namaḥ |śrī gaṇeśa pādukām pūjayāmi tarpayāmi namaḥ |

O Ganesha! You are great in form and shine like millions of Suns. We pray to you that all our works may always be accomplished without any hindrance.

Bhairav Puja

krauṃ krauṃ kāla bhairavāya namaḥ |
śrī bhairava pādukām pūjayāmi tarpayāmi namaḥ|

Offer water and flowers at the feet of Shri Kaal Bhairava.

Panchopachara Puja

- ***laṃ pṛthivī ātmakaṃ gandham samarpayāmi|***
  (I offer fragrance from the earth element of my soul.)

- ***haṃ ākāśa ātmakaṃ puṣpaṃ samarpayāmi|***
  (I offer flowers from the sky element of my soul.)

- ***yaṃ vāyu ātmakaṃ dhūpaṃ samarpayāmi |***
  (I offer incense from the air element of my soul.)

- ***raṃ agni ātmakaṃ dīpaṃ samarpayāmi |***
  (I offer the lamp fire from the fire element of my soul.)

- ***vaṃ amṛta ātmakaṃ naivedyaṃ samarpayāmi|***
  (I offer food and other offerings made from the nectar of my soul.)

Pranayama

1. Fold the index and middle fingers of the right palm.
2. Use the little finger and ring finger to close the left nostril
3. and use the thumb to close the right nostril.
4. Inhale through the left nostril, hold for a few seconds
5. and exhale through the right nostril.
6. Now inhale through right and exhale through left.
7. This is one round of pranayama.
8. In this way one should chant three rounds of the following Brahma Gayatri Mantra.

om bhūḥ | om bhuvaḥ | om suvaḥ | om mahaḥ | om janaḥ | om tapaḥ | om satyam || om tat savitur vareṇyaṃ bhargo devasya dhīmahi dhiyo yo naḥ pracodayāt || om āpo jyotī raso'mṛtaṃ brahma bhūrbhuvassuvarom ||

Meaning - First, there's the Vyāhṛti Mantra, which talks about seven different worlds or levels of existence

1. **Om Bhūḥ:** Refers to the physical plane or the Earth.
2. **Om Bhuvaḥ:** Refers to the intermediate space or the atmosphere.
3. **Om Suvaḥ:** Refers to the celestial realm or heaven.
4. **Om Mahaḥ:** Refers to the great or vast realm beyond the physical universe.
5. **Om Janaḥ**: Refers to the realm of created beings or creatures.
6. **Om Tapaḥ:** Refers to the realm of austerity, penance, or spiritual practice.
7. **Om Satyam:** Refers to the realm of truth or ultimate reality.

Next, there's the Gāyatrī Mantra, a special prayer to the sun god. It says, "We think about the amazing light of the sun. May this light brighten our minds and give us good thoughts."

Finally, there's the Brahma Mantra, which is often said with the Gāyatrī Mantra. It talks about important things in life like water, light, and the truth that never ends. It also repeats parts of the Vyāhṛti Mantra to remind us of the physical world, the sky, and heaven.

So, these prayers help us understand different parts of the world and ask for wisdom and good thoughts.

Sankalpa (Take resolution)

Holding flowers and rice in your hands, place the right palm over the left palm and place the palms on the right thigh.

*Parameśvara prītyartham asmākaṃ kṣema sthairya vīrya vijaya āyur
ārogya aiśvarya abhivṛddhy arthaṃ samasta maṅgala avāptyarthaṃ
samsta duritopa śāntyarthaṃ śrī lalitā mahātripurasundarī parābhaṭṭārikā
darśana siddhayarthe śrī cakra navāvaraṇa pūjāṃ kariṣye ||*

Meaning - For the happiness of the Supreme Lord, and to gain blessings for our well-being, stability, strength, victory, long life, good health, and prosperity, I will perform the worship of the nine layers of the sacred Śrī Cakra. This worship is also to achieve all good things, remove all troubles, and to successfully see the divine form of Śrī Lalitā Mahātripurasundarī Parābhaṭṭārikā.

Apply sandalwood tilak to yourself and proceed with the puja considering yourself as a child of Shiva.

Asana Puja (Worship the seat)
Purify the seat by sprinkling water on it and reciting "Sauh" 12 times.
Viniyog- *asya śrī āsana mahāmantrasya | pṛthivyā merupṛṣṭha ṛṣiḥ sutalaṃ chandaḥ| kūrmo devatā | āsane viniyogaḥ ||*

The following prayer should be said towards the seat.
*pṛthvi tvayā dhṛtā lokā devi tvaṃ viṣṇunā dhṛtā tvaṃ
ca dhāraya māṃ devi pavitraṃ cāsanaṃ kuru ||*

Take some flowers and offer them to the four corners and in the middle of the seat.
1. *yogāsanāya namaḥ |*
2. *vīrāsanāya namaḥ |*
3. *śarāsanāya namaḥ |*
4. *saṃyogāsanāya namaḥ |*

om aiṃ Hreem śrīṃ om Hreem ādhāraśakti kamalāsanāya namaḥ ||

Offer flowers to worship the earth
aiṃ Hreem śrīṃ rakta dvādaśa śaktiyuktāya dvīpanāthāya namaḥ ||

Protection of body
Protect your body, mind and soul while chanting the mantra and move both hands from head to toe 3 times. Place the ring finger and thumb of the hand together on the following parts.
1. **guṃ gurubhyo namaḥ** | *Right Shoulder*
2. **gaṃ gaṇapataye namaḥ** | *Left Shoulder*
3. **duṃ durgāyai namaḥ** | *Right thigh*
4. **vam vaṭukāya namaḥ** | *Left thigh*
5. **yaṃ yoginībhyo namaḥ** | *Feet*
6. **kṣaṃ kṣetrapālāya namaḥ** | *Naval*
7. **paṃ paramātmane namaḥ** | *Heart*

aiṃ Hreem śrīṃ om namo bhagavati tiraskāriṇi mahāmāye mahānidre
sakala paśujana manaś cakṣuḥ śrotra tiras karaṇaṃ
kuru kuru phaṭ svāhā||

aiṃ Hreem śrīṃ hasanti hasitālāpe mātaṅgi paricārike mama bhaya vighnā padāṃ nāśaṃ
kuru kuru ṭhaḥ
ṭhaḥ ṭhaḥ hūṃ phaṭ svāhā||

This mantra is chanted while performing puja or chanting mantras to eliminate any obstacles, misfortune, disaster etc.

Dikbandh (Locking the ten directions)

aiṃ Hreem śrīṃ om namo bhagavati jvālāmālini devadevi sarvabhūta saṃhārakārike
jātavedasi jvalanti jvala jvala prajvala prajvala hrāṃ Hreem hrūṃ ra ra ra ra ra ra hūṃ
phaṭ svāhā||

bhūrbhūvassuvaroṃ iti digbandhaḥ||

This mantra is used to remove possible obstacles in all ten directions. While chanting this mantra, we have to imagine that Agni is all around us, protecting us from all sides.

Astra Mantra

aiṃ Hreem śrīṃ aiṃ hraḥ astrāya phaṭ||

While chanting this mantra snap your fingers above the head in anticlockwise direction to ward off all negative energies around you.

Seeking Blessings from Bhairav & Yoginis

The following mantra should be chanted to seek blessings from **Dakshinamurthy** and **Bhairava**. There are two different verses, one for Dakshinamurthy and the other for Bhairava.

Dakshinamurthy Mantra

aiṃ Hreem śrīṃ śrīguro dakṣiṇā murte bhakta ānugraha kāraka|
anujñāṃ dehi bhagavan śrīcakra yajanāya me||

Bhairav Mantra

atikrūra mahākāya kalpānta dahanopama|
bhairavāya namastubhyaṃ anujñāṃ dātumarhasi||

aiṃ Hreem śrīṃ samasta prakaṭa gupta guptatara
saṃpradāya kulotīrṇa nigarbha rahasya atirahasya
parāparāti rahasya yoginī devatābhyo namaḥ||

At the end of this mantra, place the flowers on the Sri Chakra.

Srichakra Prana Pratishta (Invocation of divine entities)

Place the left palm on your heart and the right hand on your Sri Yantra and chant the short Prana Pratishtha mantra to infuse life into the yantra. Place the **Srichakra** at the altar. The position of the Srichakra should not be changed after Prana Pratishtha.

1. ***aiṃ Hreem śrīṃ om āṃ Hreem kroṃ yaṃ raṃ laṃ vaṃ śaṃ ṣaṃ saṃ haṃ om haṃsaḥ sohaṃ sohaṃ haṃsaḥ śivaḥ śrī cakrasya prāṇā iha prāṇāḥ||***
2. ***aiṃ Hreem śrīṃ om āṃ Hreem kroṃ śrīcakrasya jīva iha sthitaḥ| sarva endrayāṇi vāka manaś cakṣuḥ śrotra jihvā ghrāṇā ihaiv āgatya asmin cakre sukhaṃ ciraṃ tiṣṭhantu svāhā||***
3. ***aiṃ Hreem śrīṃ om asunīte punara asmāsu cakṣuḥ punaḥ prāṇamiha no dhehi bhogam| jyokpaśyeme sūryam uccranta manumate mṛḍayā naḥ svasti||***

This mantra invokes the awakening of Sri Chakra and Shiva Tattva, integrating consciousness, prana, and all senses. It is a highly powerful Tantric mantra related to Sri Vidya Sadhana, chanted for spiritual upliftment, stability of life force (prana), and expansion of divine consciousness.

Meaning of the Mantra

1. This seed syllable mantra calls upon the energy flowing through Sri Chakra. "Hamsah Soham" signifies self-realization, helping the seeker perceive themselves as one with the Supreme Brahman. Shiva is the life force of Sri Chakra, and all energy flowing through this sacred geometry originates from Him.
2. This mantra stabilizes the soul energy and vital energy within Sri Chakra. It invokes all senses—speech, mind, eyes, ears, tongue, and nose—to merge into the divine energy of Sri Chakra.
3. O Divine Power! Bless us with divine vision again, infuse our prana with new energy, and grant us both spiritual and material prosperity. May we clearly perceive the divine consciousness of the Sun and attain wisdom and well-being through its radiant light.

śrī guru caraṇārpaṇamastu

SRI NAGAR PUJAN

Srinagar is the sacred abode of Mother Lalita, situated outside the Sri Chakra. Within Srinagar, there are twenty-five majestic forts where Rishis (sages) and Munis (ascetics) reside. These forts are guarded by divine deities who protect the Sri Chakra.

Access to the Sri Chakra is limited to individuals who are committed to self-discovery through the practice of Sri Vidya. This journey is facilitated through dedicated spiritual practice (sadhana) and the blessings of a Guru.

There are forty-four archanas (ritual offerings) in which you meditate on Srinagar and offer flowers while chanting specific names.

S.No	Sanskrit Term	Meaning
1	***Aim Hreem Shreem Amṛta āmbhonidhaye Namah***	Ocean of Nectar
2	***Aim Hreem Shreem Ratna dvīpāya Namah***	Island of Gems
3	***Aim Hreem Shreem Nānā vṛkṣa mahodyānāya Namah***	Great Garden with Various Trees
4	***Aim Hreem Shreem Kalpa vṛkṣa vāṭikāyai Namah***	Grove of Wish-Fulfilling Trees
5	***Aim Hreem Shreem Santāna vāṭikāyai Namah***	Grove of Progeny
6	***Aim Hreem Shreem Hari candana vāṭikāyai Namah***	Grove of Hari Sandalwood
7	***Aim Hreem Shreem Mandāra vāṭikāyai Namah***	Grove of Mandara Trees
8	***Aim Hreem Shreem Pārijāta vāṭikāyai Namah***	Grove of Pārijāta Trees
9	***Aim Hreem Shreem Kadamba vāṭikāyai Namah***	Grove of Kadamba Trees
10	***Aim Hreem Shreem Puṣparāga ratna prākārāya Namah***	Wall of Topaz Gems
11	***Aim Hreem Shreem Padmarāga ratna prākārāya Namah***	Wall of Ruby Gems
12	***Aim Hreem Shreem Gomedhaka ratna prākārāya Namah***	Wall of Gomedhaka Gems
13	***Aim Hreem Shreem Vajra ratna prākārāya Namah***	Wall of Diamond Gems
14	***Aim Hreem Shreem Vaiḍūrya ratna prākārāya Namah***	Wall of Cat's Eye Gems

15	***Aim Hreem Shreem Indra nīla ratna prākārāya Namah***	Wall of Blue Sapphire Gems
16	***Aim Hreem Shreem Muktā ratna prākārāya Namah***	Wall of Pearl Gems
17	***Aim Hreem Shreem Marakata ratna prākārāya Namah***	Wall of Emerald Gems
18	***Aim Hreem Shreem Vidruma ratna prākārāya Namah***	Wall of Coral Gems
19	***Aim Hreem Shreem Māṇikya maṇḍapāya Namah***	Pavilion of Rubies
20	***Aim Hreem Shreem Sahasra stambha maṇḍapāya Namah***	Pavilion with a Thousand Pillars
21	***Aim Hreem Shreem Amṛta vāpikāyai Namah***	Pond of Nectar
22	***Aim Hreem Shreem Ānanda vāpikāyai Namah***	Pond of Bliss
23	***Aim Hreem Shreem Vimarśa vāpikāyai Namah***	Pond of Reflection
24	***Aim Hreem Shreem Bālā tapodgārāya Namah***	Bala's Penance Grove
25	***Aim Hreem Shreem Candrikodgārāya Namah***	Moonlight Grove
26	***Aim Hreem Shreem Mahā śṛṅgāraparighāyai Namah***	Great Enclosure of Attraction
27	***Aim Hreem Shreem Mahāpadmāṭavyai Namah***	Great Lotus Forest
28	***Aim Hreem Shreem Cintāmaṇimaya gṛharājāya Namah***	Palace Made from Wish-Fulfilling Gems
29	***Aim Hreem Shreem Pūrva āmnāyamaya pūrvadvārāya Namah***	Eastern Gate of **Purva Amna**
30	***Aim Hreem Shreem Dakṣiṇa āmnāyamaya dakṣiṇadvārāya Namah***	Southern Gate of **Dakshin Amna**
31	***Aim Hreem Shreem Paścima āmnāyamaya paścimadvārāya Namah***	Western Gate of **Pashchim Amna**
32	***Aim Hreem Shreem Uttara āmnāyamaya uttaradvārāya Namah***	Northern Gate of **Uttar Amna**
33	***Aim Hreem Shreem Ratnapradīpa valayāya Namah***	Row of Gem Chandeliers
34	***Aim Hreem Shreem Maṇimaya mahā siṃhāsanāya Namah***	Great Lion Throne Made of Gems

35	***Aim Hreem Shreem Brahmamayaikaṃ mañcapādāya Namah***	Brahma's seat near the throne
36	***Aim Hreem Shreem Viṣṇumayaikaṃ mañcapādāya Namah***	Vishnu seat near the throne
37	***Aim Hreem Shreem Rudramayaikaṃ mañcapādāya Namah***	Rudra's seat near the throne
38	***Aim Hreem Shreem Īśvaramayaikaṃ mañcapādāya Namah***	Ishvara seat near the throne
39	***Aim Hreem Shreem Sadāśivamayaikaṃ mañcaphalakāya Namah***	Sadashiva seat near the throne
40	***Aim Hreem Shreem Hamsa tūlikā talpāya Namah***	Swan-Feathered Bed
41	***Aim Hreem Shreem Hamsa tūlikā maho padhānāya Namah***	Swan-Feather Great Cushion
42	***Aim Hreem Shreem Kausumbh āstaraṇāya Namah***	Silk Spread
43	***Aim Hreem Shreem Mahā vitānakāya Namah***	Great Canopy
44	***Aim Hreem Shreem Mahāmāyā yavanikāyai Namah***	Great Curtain of Illusion

Deep Pujan

1. Light a lamp with ghee and white wick on the right side of the Goddess and a red cotton wick colored with sesame oil and vermilion on the left side of the Goddess. A third lamp, called Sakshi (Witness) Deepak, should be lit initially.

aiṃ Hreem śrīṃ dīpa devi mahā devi śubhaṃ bhavatu me sadā|
yāvat pūjā samāptiḥ syāt tāvat prajvala susthirā||

Meaning - O! Goddess of knowledge and wisdom! Please bless me with knowledge and devotion. Please protect me from ignorance.

śrī guru caraṇārpaṇamastu

PATRA SADHAN

Brief Introduction

Patra translates to vessel, and sadhan means to arrange or prepare. Patra sadhan is a crucial component of the Navavarana Puja. While numerous vessels are used in this puja, three are particularly significant: the **Vardhini Kalash**, **Samanya Arghya Patra**, and **Vishesh Arghya Patra.** To conduct the Navavarana Puja, the following materials are needed.

Materials needed for Navavarana Puja

- **Seating:** A wooden plank or mat, known as Aasan.
- **Achamana:** A vessel filled with water and a spoon.
- **Flowers and Offerings:** Bowls and plates to hold flowers, fruits and **naivedya**, to be offered at the end of each avarana.

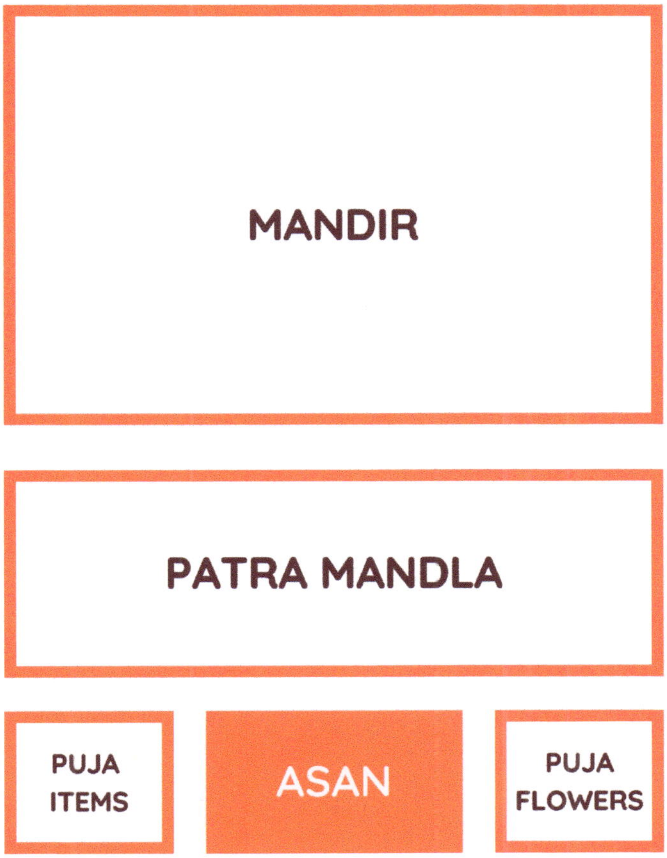

Preparation and Conduct

- Complete all preparations before starting the puja, as the sadhak should not leave their asan once seated.
- Offer naivedya at the end of each avarana Puja.
- Keep reciting hymns and verses such as Lalita Sahasranama, Saundaryalahari, and Sridevi Mahatmya to invoke positive energy.

Offerings during each Avarana

- Offer incense (dhoop), lamp (deep), naivedya, and light camphor at the end of each avarana.
- Maintain two incense sticks – one to burn continuously and the other for offerings.
- Keep the lamps on both sides of the mandala burning continuously, refilling with ghee and sesame oil as needed.

Altar Arrangement

Nava Avarana Puja includes worship of five main deities namely, Ganesha, Surya, Vishnu Shiva and the presiding deity is Sri Maa Lalita. Following is the suggested altar arrangement for five main deities worshipped during Nava Avarana Puja. If you do not have the pictures or idols of these deities you can place betel nuts, yantra, or turmeric balls and invoke their energies in them.

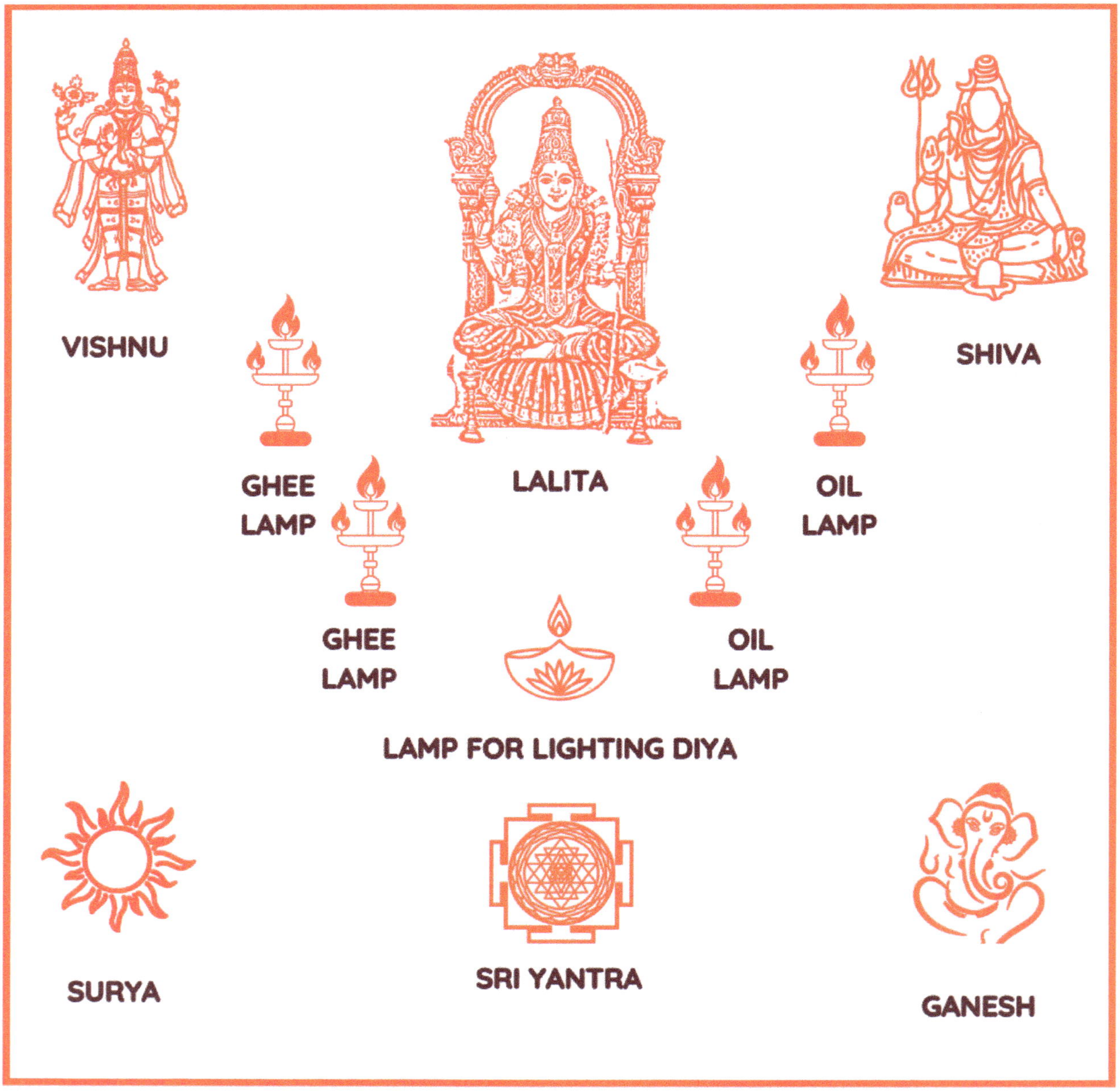

Platform (Patra Mandal) Arrangement

1. Take a big wooden plank or tray for placing different vessels to be used in this ritual.
2. Below is the diagram of the Patra Mandal. Draw the diagrams as shown in the figure below using a vermillion paste or a red marker pen.

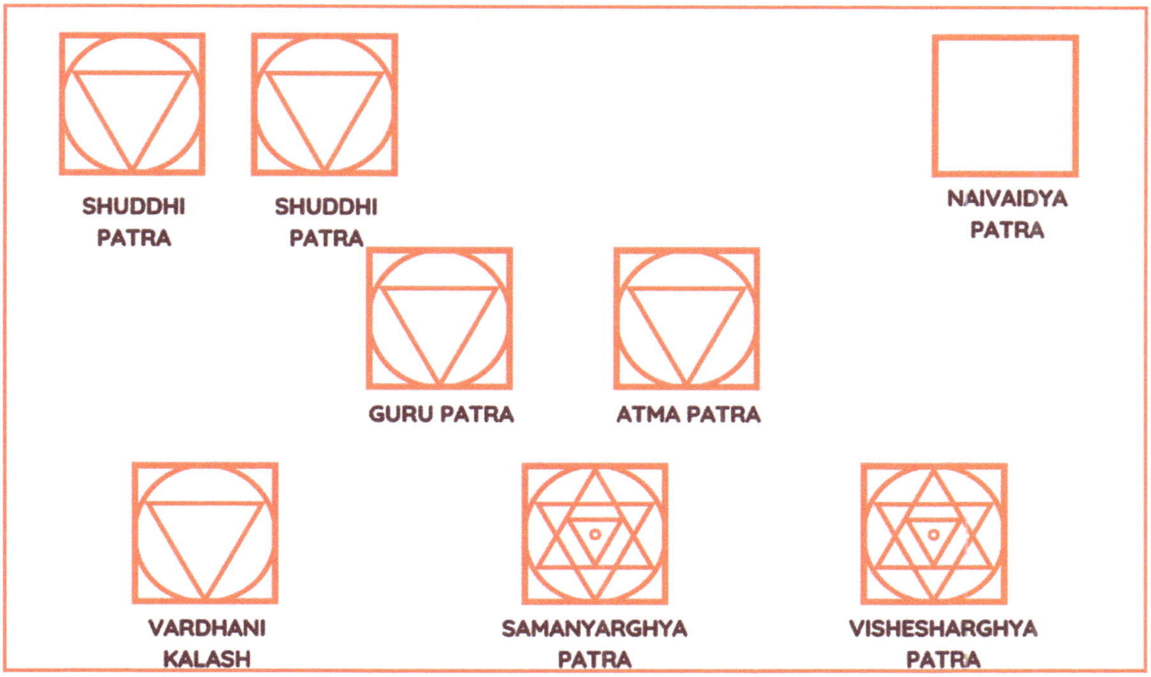

3. The vessels would be kept over these diagrams as per rituals in a step-by-step process.

Introduction to the different types of Patras (Vessels)

1. A large vessel filled with pure water should be placed; this is known as the **Karan Kalash**.
2. From this, water is taken for the **Vardhini Kalash**, the **Samanya Arghya**, and the **Vishesha Arghya**. Iron and plastic vessels should not be used at all.
3. This water should be purified by reciting the Gayatri Mantra twenty-four times. The Vishesha Arghya is also prepared from this water.
4. For the **Vardhini Kalash**, a Kalash and a small spoon are required. For the Samanya Arghya, a conch shell with a base (ideally in the shape of a tortoise) is necessary.
5. For the **Vishesha Arghya**, a silver or steel Panchapatra is required (not copper). A pair of tongs is also needed, which should be made of silver, steel, or copper. This is used for Tarpana.
6. Three or more very small cups made of silver, steel, or copper are needed for the **Guru Patra, Atma Patra**, and distribution to other worshippers.
7. A copper plate is required for Bali, also known as the **Bali Patra** or **Shuddhi Patra**.
8. Sandalwood paste and Kumkum are required for decorating the vessels and lamps. Rice grains and turmeric are also needed.
9. Each of these vessels is placed on a base called Adhar mandala. Each vessel consists of three components:
    1. Adhar (Base) Mandala
    2. Patra (Vessels)
    3. Patra with Water

They represent Agni (fire), Sun and Moon on the and also **Sushumna, Pingala** and **Ida** channels respectively on the subtle side.

Panchapatra and Panchamakara (Symbolism of the Five M's)

The Samanya Arghya, Vishesh Arghya, Guru Patra, Atma Patra, and Suddhi - Bali Patra represent the five M's or Panchamakara, which are:

1. **Wine (Madya)** - Symbolizes the intoxication of devotion and love for the Divine.
2. **Meat (Maans)** - Symbolizes the offering of one's own body and Karmas to the Goddess.
3. **Fish (Meen)** - Symbolizes the mind and breath, reminding us to think of the Devi with every breath.
4. **Mudra (Gesture/Offering Wealth)** - Symbolizes the offering of all material possessions and happiness to the Goddess, acknowledging that everything belongs to Her.
5. **Maithuna (Holy Communion)** - Symbolizes the experience of divine union with the Divine Mother.

These five elements are also associated with the Panchabhuta, or the five main elements of nature: fire, water, earth, air, and sky. The meanings of the five M's in the context of Navavarana Puja are not to be taken literally but understood as symbolic representations of devotion and surrender to the Divine.

Preparing Vishesh Arghya

Ingredients:

1. Raw Milk
2. A small amount of coconut water

3. Honey
4. Saffron
5. Edible camphor
6. A small quantity of powdered sugar
7. Finely ground cardamom, cloves, and nutmeg

Instructions:

1. Combine the powdered spices with milk, coconut water, and honey.
2. Add saffron, edible camphor, and a small amount of powdered sugar to the mixture.
3. Ensure the consistency of the mixture is thicker than milk.

Note: If these ingredients are not available you can simply use milk and honey/Sugar/ Maple Syrup. Anything that is available to you.

Now we will understand the method of setting up the **Platform for Puja (Patra Mandal)** and each vessel in detail.

Establishing the Vardhini Kalash

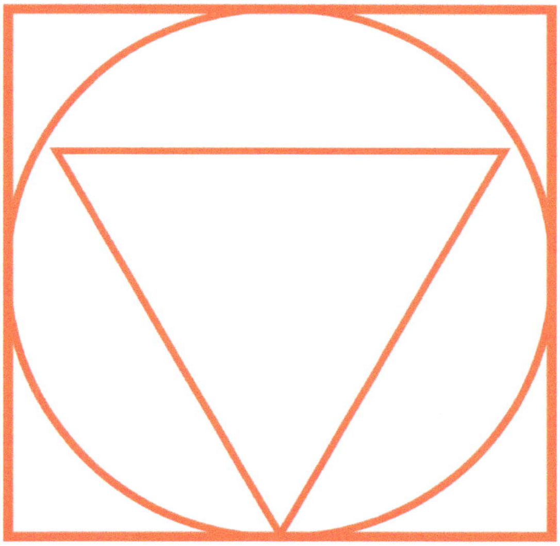

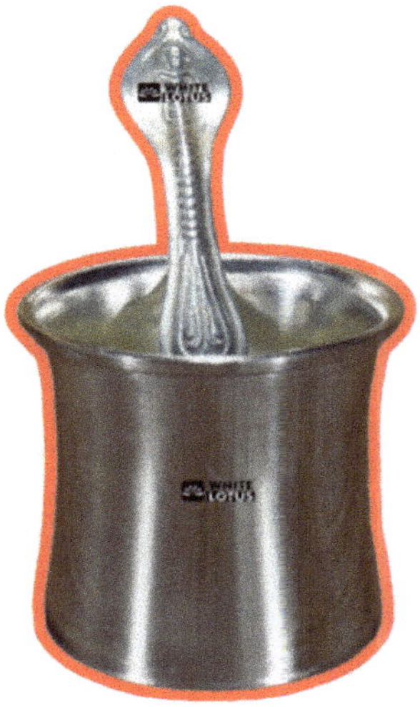

Position the Vardhini Kalash to the left of the practitioner (Sadhak). Create a mandala using a thin paste made from sandalwood, kumkum, and turmeric, as depicted in the image. This mandala will serve as the base for the Vardhini Kalash. Using the Matsya mudra, mark the triangle, circle, and quadrangular mandala on the left side in front of you. Worship the mandala by reciting the Mool Mantra. Adorn the Kalash, which should be filled with water scented with camphor, along with flowers, Akshat rice, and other offerings.

om kalaśasya mukhe viṣṇuḥ kaṇṭhe rudraḥ samāśritaḥ
mūle tatra sthito brahmā madhye mātṛgaṇāḥ smṛtāḥ

kukṣau tu sāgarāḥ sarve saptadvīpā vasundharā
ṛgvedo'tha yajurvedaḥ sāmavedo' apy atharvaṇaḥ

aṅgaiśca sahitāḥ sarve kalaś āmbu samāśritāḥ
gaṅge ca yamune caiva godāvari sarasvatī

narmade sindhu kāveri jale'smin sannidhiṅ kuru

sarve samudrāḥ saritas tīrthāni ca nadā hradāḥ
āyāntu devī pūjārthaṃ durita kṣayakārakāḥ /

Meaning: Within the Kalash, Vishnu resides at the mouth (opening of the vessel), Rudra at the throat, and Brahma at the base, while the Matri Ganas are honored in the middle. The belly of the Kalash holds all the oceans and the earth with its seven continents. The waters of the Kalash contain the essence of the Rigveda, Yajurveda, Samaveda, and Atharvaveda, along with all their components.

O sacred rivers—Ganga, Yamuna, Godavari, Saraswati, Narmada, Sindhu, and Kaveri—may you reside in this water. May all the oceans, rivers, pilgrimage sites, and lakes gather for Devi Puja, cleansing all sins.

By reciting the Moola Mantra eight times and performing the Dhenu Mudra, purify the worship materials and yourself with this sacred water. During Lalita's worship, may all present objects become fragrant and sanctified.

Note: For the worship of samanya arghya and vishesh arghya

- Those who are not initiated should only use (***aiṃ Hreem śrīṃ***) and the nyas mantra. For example - ***(aiṃ Hreem śrīṃ) hṛdayāya namaḥ, hṛdaya śakti śrīpādukāṃ pūjayāmi namaḥ.***

Initiated people should understand the process from the Guru.)

Establishing the Samanya Arghya Patra

1. **Mandala** - which includes a square, three triangles, and a dot.
2. **Samanya Arghya Patra Adhar (Base)** - the base of the conch, which is in the shape of a tortoise (or a small plate).
3. **Samanya Arghya Patra** - The conch (or achamana patra).
4. **Water inside the conch**

The base is considered to represent fire, the arghya patra represents the sun, and the arghya represents the moon.

Aadhaar Mandala Puja

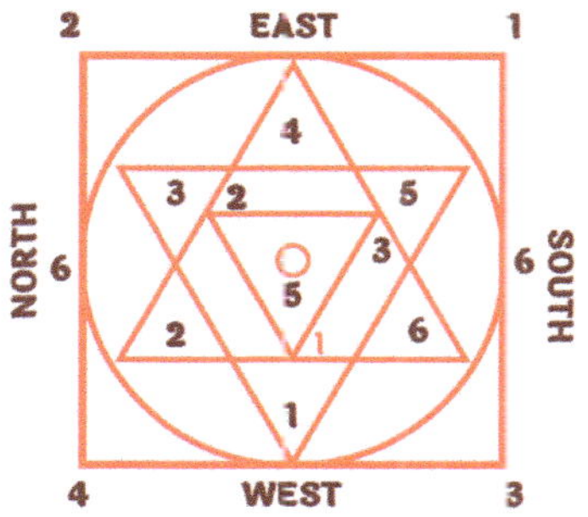

1. Using the water from the **Vardhini Kalash**, draw the mandala (as shown in the picture) again on the right side of the Vardhini Kalash with the **Matsya Mudra**.
2. The practitioner should sit facing the east.
3. While reciting the **Bala Shadanga Mantra (as given below)**, perform the worship with akshata (raw rice) in the square of the **samanya arghya mandala** according to the given number and the following mantras.
   1. (aiṃ Hreem śrīṃ) aiṃ hṛdayāya namaḥ | hṛdaya śakti śrīpādukāṃ pūjayāmi namaḥ
   2. (aiṃ Hreem śrīṃ) klīṃ śirase svāhā | śiraḥ śakti śrīpādukāṃ pūjayāmi namaḥ
   3. (aiṃ Hreem śrīṃ) sauḥ śikhāyai vaṣaṭ | śikhā śakti śrīpādukāṃ pūjayāmi namaḥ
   4. (aiṃ Hreem śrīṃ) aiṃ kavacāya huṃ | kavaca śakti śrīpādukāṃ pūjayāmi namaḥ
   5. (aiṃ Hreem śrīṃ) klīṃ netratrayāya vauṣaṭ | netra śakti śrīpādukāṃ pūjayāmi namaḥ
   6. (aiṃ Hreem śrīṃ) sauḥ astrāya phaṭ | astra śakti śrīpādukāṃ pūjayāmi namaḥ

4. Worship the hexagon following the numbers given on the hexagon.
   1. ***(aiṃ Hreem śrīṃ) aiṃ (ka - 5) hṛdayāya namaḥ | hṛdaya śakti śrīpādukāṃ pūjayāmi namaḥ***
   2. (aiṃ Hreem śrīṃ) klīṃ (ha - 6) śirase svāhā | śiraḥ śakti śrīpādukāṃ pūjayāmi namaḥ
   3. (aiṃ Hreem śrīṃ) sauḥ (sa - 4) śikhāyai vaṣaṭ | śikhā śakti śrīpādukāṃ pūjayāmi namaḥ
   4. (aiṃ Hreem śrīṃ) aiṃ (ka - 5) kavacāya huṃ |kavaca śakti śrīpādukāṃ pūjayāmi namaḥ
   5. (aiṃ Hreem śrīṃ) klīṃ (ha - 6) netratrayāya vauṣaṭ | netra śakti śrīpādukāṃ pūjayāmi namaḥ
   6. (aiṃ Hreem śrīṃ) sau (sa - 4) astrāya phaṭ | astra śakti śrīpādukāṃ pūjayāmi namaḥ

5. Worship the inner triangle and circle following the numbers.
   1. ***(aiṃ Hreem śrīṃ) aiṃ (ka- 5) namaḥ***
   2. (aiṃ Hreem śrīṃ) klīṃ ha-6 namaḥ
   3. (aiṃ Hreem śrīṃ) sauḥ sa-4 namaḥ
   4. (aiṃ Hreem śrīṃ) mūlaṃ namaḥ (in the small circle)

Note: Mulam is the mool mantra that the sadhak has received during the Sri Vidya initiation. It could be Bala, Panchdashi or Shodashi. If you have not got any of these then you should simply chant (***aiṃ Hreem śrīṃ).***

Aadhaar (Base plate) installation and Agni Mandal Pujan (Invoking fire God)

1. Chant "***aiṃ Hreem śrīṃ astraay Phat***" three times, sprinkle the base of the Samanya Arghya Patra on from water inside the Vardhini Kalash.

2. While reciting the following mantra three times, **place the Adhar (base)** on top of the mandala.
   aiṃ Hreem śrīṃ aṃ agni maṇḍalāya dharma prada daśa kalātmane śrīmahā tripurasundaryāḥ sāmānyārghya pātrādhārāya namaḥ
   ***Translation**: "Salutations to the samanya arghya vessel for offering arghya, which is part of the realm of Agni, the bestower of righteousness, that embodies the ten aspects of the divine Mahātripurasundarī."*

3. While reciting the following mantra, invoke the fire deity in the base.
   aiṃ Hreem śrīṃ agniṃ dūtaṃ vṛṇīmahe hotāraṃ viśva vedasaṃ asya yajñasya sukratum aiṃ Hreem śrīṃ rāṃ rīṃ rūṃ raiṃ rauṃ rah ramalavarayūṃ agni maṇḍalāya namaḥ
   ***Translation** "We choose Agni, the omniscient messenger and performer of this sacrifice, who performs good deeds. Salutations to the realm of Agni, with the energies of aiṃ Hreem śrīṃ rāṃ rīṃ rūṃ raiṃ rauṃ ra ramalavarayūṃ."*

4. *Perform the worship of fire using the following mantras, and while meditating, visualize the ten aspects of the Agni Mandala and offer flowers to the base.*

(aiṃ Hreem śrīṃ) yaṃ Dhūmrārciṣ kalāyai namaḥ	***(aiṃ Hreem śrīṃ) ṣaṃ suśrī kalāyai namaḥ***
(aiṃ Hreem śrīṃ) raṃ ūṣmā kalāyai namaḥ	***(aiṃ Hreem śrīṃ) saṃ surūpā kalāyai namaḥ***
(aiṃ Hreem śrīṃ) laṃ jvalinī kalāyai namaḥ	***(aiṃ Hreem śrīṃ) haṃ kapilā kalāyai namaḥ***
(aiṃ Hreem śrīṃ) vaṃ jvālinī kalāyai namaḥ	***(aiṃ Hreem śrīṃ) laṃ havya vāhinī kalāyai namaḥ***
(aiṃ Hreem śrīṃ) śaṃ visphuliṅginī kalāyai namaḥ	***(aiṃ Hreem śrīṃ) kṣaṃ kavya vāhinī kalāyai namaḥ***

Establishment of Samanya Arghya Patra and Worship of the Surya Mandala

1. Chant "***aiṃ Hreem śrīṃ astraay Phat***" three times, sprinkle the from Vardhini Kalash on the conch.
2. Afterward, while reciting the following mantra three times, place the **conch on top of the base**.

   (aiṃ Hreem śrīṃ) uṃ sūrya maṇḍala artha prada dvādaśa kalātmane śrīmahā tripurasundaryāḥ sāmānya arghya pātrāya namaḥ

Translation: *Salutations to the common vessel for offering arghya, which is part of the realm of Surya, the bestower of purpose, and embodies the twelve aspects of the divine Mahātripurasundarī, with the energies of aiṃ Hreem śrīṃ uṃ.*

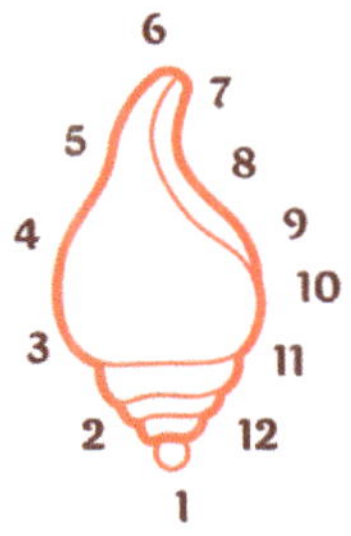

3. Afterward, while reciting the following mantra, invoke the sun deity in the conch.
(aiṃ Hreem śrīṃ) ā kṛṣṇena rajasā vartamāno niveśay annamṛtaṃ martyañca hiraṇya yena savitā rathenā devo yāti bhuvanāni paśyan | hāṃ hīṃ hūṃ haiṃ hauṃ haḥ hamalavarayūṃ sūrya maṇḍalāya namaḥ
Translation: *The divine Savita (Sun God), traveling in his golden chariot, moves through the worlds, watching over all. Permeated by the dark (kṛṣṇa) dust (rajas), he connects the immortal and the mortal realms, enveloping both with his presence.*

4. Perform the worship of the sun using the following mantras, and while meditating, visualize the twelve aspects of the Surya Mandala and offer flowers to the conch in the sequence shown in the given image.

(aiṃ Hreem śrīṃ) kaṃ bhaṃ tapinī kalāyai namaḥ	***(aiṃ Hreem śrīṃ) chaṃ daṃ suṣumnā kalāyai namaḥ***
(aiṃ Hreem śrīṃ) khaṃ baṃ tāpinī kalāyai namaḥ	***(aiṃ Hreem śrīṃ) jaṃ thaṃ bhogadā kalāyai namaḥ***
(aiṃ Hreem śrīṃ) gaṃ phaṃ dhūmrā kalāyai namaḥ	***(aiṃ Hreem śrīṃ) jhaṃ taṃ viśvā kalāyai namaḥ***
(aiṃ Hreem śrīṃ) ghaṃ paṃ marīci kalāyai namaḥ	***(aiṃ Hreem śrīṃ) jaṃ ṇaṃ bodhinī kalāyai namaḥ***
(aiṃ Hreem śrīṃ) ṅa naṃ jvālinī kalāyai namaḥ	***(aiṃ Hreem śrīṃ) ṭaṃ ḍhaṃ dhāriṇī kalāyai namaḥ***
(aiṃ Hreem śrīṃ) caṃ dhaṃ ruci kalāyai namaḥ	***(aiṃ Hreem śrīṃ) ṭhaṃ ḍaṃ kṣamā kalāyai namaḥ***

Soma Mandal Pujan

1. Add a few drops of water from the **Vardhani Kalash** into the **conch** and add a few drops of **the vishesh arghya (a mixture of milk and honey**).

2. Chant the following mantra
(aiṃ Hreem śrīṃ) maṃ soma maṇḍalāya kāma prada ṣoḍaśa kalātmane śrīmahātripura sundaryāḥ sāmānyā arghya amṛtāya namaḥ
Translation: *Salutations to the samanya arghya of the nectar of immortality, which is part of the realm of Soma (Moon), the bestower of desires, and embodies the sixteen aspects of the divine Mahātripurasundarī.*

3. Now, while reciting the following mantra, worship the **sixteen kalas** of the **Soma Mandala**. ***(aiṃ Hreem śrīṃ) āpyāyasva sametu te viśvataḥ soma vṛṣṇiyaṃ bhavā vājasya saṅgathe | sāṃ sīṃ sūṃ saiṃ sauṃ saḥ samalavarayūṃ somamaṇḍalāya namaḥ***
Translation: *"May the deities of soma mandal be nourished and may all come together for me from all directions. May you become the gathering place of strength and energy, with the energies of sāṃ sīṃ sūṃ saiṃ sauṃ saḥ samalavarayūṃ. Salutations to the realm of Soma (Moon)."*

4. Perform the worship of the moon deity using the following mantras, and while meditating, visualize the sixteen aspects of the Soma Mandala and offer flowers to the conch.

(aiṃ Hreem śrīṃ) aṃ amṛtā kalāyai namaḥ	***(aiṃ Hreem śrīṃ) lṛṃ candrikā kalāyai namaḥ***
(aiṃ Hreem śrīṃ) āṃ mānadā kalāyai namaḥ	***(aiṃ Hreem śrīṃ) lṝṃ kānti kalāyai namaḥ***
(aiṃ Hreem śrīṃ) iṃ pūṣā kalāyai namaḥ	***(aiṃ Hreem śrīṃ) eṃ jyotsnā kalāyai namaḥ***
(aiṃ Hreem śrīṃ) īṃ tuṣṭi kalāyai namaḥ	***(aiṃ Hreem śrīṃ) aiṃ śrī kalāyai namaḥ***
(aiṃ Hreem śrīṃ) uṃ puṣṭi kalāyai namaḥ	***(aiṃ Hreem śrīṃ) oṃ prīti kalāyai namaḥ***
(aiṃ Hreem śrīṃ) ūṃ rati kalāyai namaḥ	***(aiṃ Hreem śrīṃ) au aṅgadā kalāyai namaḥ***
(aiṃ Hreem śrīṃ) ṛṃ dhṛti kalāyai namaḥ	***(aiṃ Hreem śrīṃ) aṃ pūrṇā kalāyai namaḥ***
(aiṃ Hreem śrīṃ) ṝṃ śaśinī kalāyai namaḥ	***(aiṃ Hreem śrīṃ) aḥ pūrṇāmṛtā kalāyai namaḥ***

5. Visualize the given image in the water of the conch and recite the **Bala Shadanga Mantra** again.
1. (aiṃ Hreem śrīṃ) aiṃ hṛdayāya namaḥ | hṛdaya śakti śrīpādukāṃ pūjayāmi namaḥ
2. (aiṃ Hreem śrīṃ) klīṃ śirase svāhā | śiraḥ śakti śrīpādukāṃ pūjayāmi namaḥ
3. (aiṃ Hreem śrīṃ) sauḥ śikhāyai vaṣaṭ | śikhā śakti śrīpādukāṃ pūjayāmi namaḥ
4. (aiṃ Hreem śrīṃ) aiṃ kavacāya huṃ | kavaca śakti śrīpādukāṃ pūjayāmi namaḥ

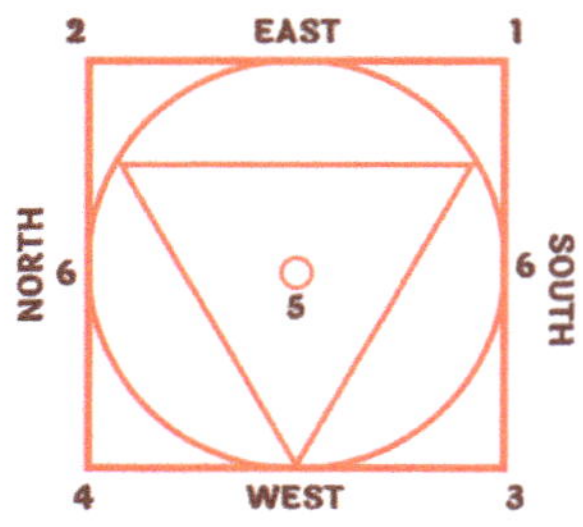

5. (aiṃ Hreem śrīṃ) klīṃ netratrayāya vauṣaṭ | netra śakti śrīpādukāṃ pūjayāmi namaḥ

6. (aiṃ Hreem śrīṃ) sauḥ astrāya phaṭ | astra śakti śrīpādukāṃ pūjayāmi namaḥ

6. Recite the mantra "***(aiṃ Hreem śrīṃ) astraay Phat***" and snap your fingers above your head for protection.
7. Show the **Avagunthana Mudra** (see the image) and say "***Kavachay Hum***"
8. Show the **Dhenu Mudra** and **Yoni Mudra**.
9. Recite the **mool mantra** seven times, and without moving the conch, use its water and flowers to sprinkle all the worship materials and yourself. Also, pour some water into the **Vardhani Patra**.

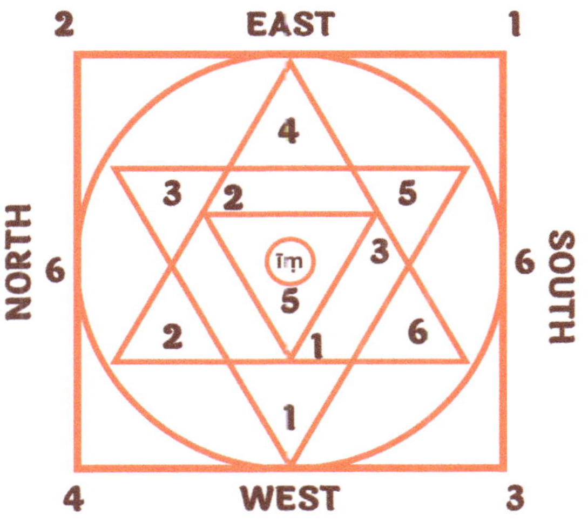

Establishing Vishesh Arghya Patra and worship rituals

The **Vishesh arghya** puja consists of four parts:

1. **Mandala** - which includes a square, three triangles, and a dot.
2. **Base of the Vishesh Arghya Patra** - a small plate.
3. **Vishesh Arghya Patra** - the achamana patra.
4. **Water inside Vishesh Arghya Patra**

The base is considered to represent fire, the arghya patra represents the sun, and the arghya represents the moon.

Mandala Worship

1. Using the water from the samanya arghya patra, draw the mandala (as shown in the picture) again on the right side of the samanya arghya patra with the Matsya Mudra.
2. And write ***"Īṃ"*** on the inner dot.
3. Perform the worship with akshata (raw rice) on the outer square. Do this in the order indicated by the marked positions in the image.
   1. (aiṃ Hreem śrīṃ) aiṃ (ka-5) hṛdayāya namaḥ, hṛdaya śakti śrīpādukāṃ pūjayāmi namaḥ
   2. (aiṃ Hreem śrīṃ) klīṃ (ha-6) śirase svāhā, śiraḥ śakti śrīpādukāṃ pūjayāmi namaḥ
   3. (aiṃ Hreem śrīṃ) sauḥ(sa-4) śikhāyai vaṣaṭ, śikhā śakti śrīpādukāṃ pūjayāmi namaḥ
   4. (aiṃ Hreem śrīṃ) aiṃ (ka-5) kavacāya huṃ, kavaca śakti śrīpādukāṃ pūjayāmi namaḥ
   5. (aiṃ Hreem śrīṃ) klīṃ (ha-6) netra trayāya vauṣaṭ, netra śakti śrīpādukāṃ pūjayāmi namaḥ
   6. (aiṃ Hreem śrīṃ) sauh (sa-4) astrāya phaṭ, astra śakti śrīpādukāṃ pūjayāmi namaḥ

4. Perform the worship with akshata (raw rice) on the hexagon. Do this in the order indicated by the marked positions in the image.
   1. (aiṃ Hreem śrīṃ) aiṃ (ka-5) hṛdayāya namaḥ, hṛdaya śakti śrīpādukāṃ pūjayāmi namaḥ
   2. (aiṃ Hreem śrīṃ) klīṃ (ha-6) śirase svāhā, śiraḥ śakti śrīpādukāṃ pūjayāmi namaḥ
   3. (aiṃ Hreem śrīṃ) sauḥ (sa-4) śikhāyai vaṣaṭ, śikhā śakti śrīpādukāṃ pūjayāmi namaḥ
   4. (aiṃ Hreem śrīṃ) aiṃ (ka-5) kavacāya huṃ, kavaca śakti śrīpādukāṃ pūjayāmi namaḥ
   5. (aiṃ Hreem śrīṃ) klīṃ (ha-6) netra trayāya vauṣaṭ, netra śakti śrīpādukāṃ pūjayāmi namaḥ
   6. (aiṃ Hreem śrīṃ) sauh (sa-4) astrāya phaṭ, astra śakti śrīpādukāṃ pūjayāmi namaḥ

5. Perform the worship with Akshata (raw rice) on the triangle. Do this in the order indicated by the marked positions in the image.
   1. ***(aiṃ Hreem śrīṃ) aiṃ (ka- 5) namaḥ***
   2. ***(aiṃ Hreem śrīṃ) klīṃ* (*ha-6*) *namaḥ***
   3. ***(aiṃ Hreem śrīṃ) sauḥ* (*sa-4*) *namaḥ***
   4. ***(aiṃ Hreem śrīṃ) mūlaṃ namaḥ (in the small circle)***

Aadhaar (Base plate) installation and Agni Mandal Pujan

1. Wash the Aadhaar plate chanting "***(aiṃ Hreem śrīṃ) Astray Phat***" and then install it on the Vishesh Mandala. Take Samanya arghya from Vardhini Kalash and sprinkle it on the mandala.

   (aiṃ Hreem śrīṃ) astrāya phaṭ

   Note:
   - The conch should not be moved from its base. Therefore, use a small spoon to get water from the conch.
   - Alternatively, some water from the samanya arghya patra can be poured into the Vardhani Kalash after the worship described in the previous section. The water from the Vardhani Kalash can then be used for the subsequent worship. This method is more practical because it is generally difficult to remove water from the conch with a small spoon due to its narrow opening.

2. Afterward, while reciting the following mantra, place the base on top of the **vishesh arghya mandala**.
   (aiṃ Hreem śrīṃ) aiṃ (ka - 5) aṃ agni maṇḍalāya dharma prada Daśa kalātmane śrīmahātripurasundaryāḥ viśeṣārghya pātrādhārāya namah

3. While reciting the following mantra, **invoke the fire deity** in the base.
   aiṃ Hreem śrīṃ agniṃ dūtaṃ vṛṇīmahe hotāraṃ viśva vedasaṃ asya yajñasya sukratum aiṃ Hreem śrīṃ rāṃ rīṃ rūṃ raiṃ rauṃ ra: ramalavarayūṃ agni maṇḍalāya namaḥ

4. Perform the worship of fire using the following mantras, and while meditating, visualize the ten aspects of the Agni Mandala and offer flowers to the base.

(aiṃ Hreem śrīṃ) yaṃ Dhūmrārciṣ kalāyai namaḥ	***(aiṃ Hreem śrīṃ) ṣaṃ suśrī kalāyai namaḥ***
(aiṃ Hreem śrīṃ) raṃ ūṣmā kalāyai namaḥ	***(aiṃ Hreem śrīṃ) saṃ surūpā kalāyai namaḥ***
(aiṃ Hreem śrīṃ) laṃ jvalinī kalāyai namaḥ	***(aiṃ Hreem śrīṃ) haṃ kapilā kalāyai namaḥ***
(aiṃ Hreem śrīṃ) vaṃ jvālinī kalāyai namaḥ	***(aiṃ Hreem śrīṃ) laṃ havya vāhinī kalāyai namaḥ***
(aiṃ Hreem śrīṃ) śaṃ visphuliṅginī kalāyai namaḥ	***(aiṃ Hreem śrīṃ) kṣaṃ kavya vāhinī kalāyai namaḥ***
(aiṃ Hreem śrīṃ) yaṃ dhūmra ārciṣ kalāyai namaḥ	***(aiṃ Hreem śrīṃ) ṣaṃ suśrī kalāyai namaḥ***

Establishment of the Vishesh Arghya Patra and Surya Mandala Worship

1. While reciting the mantra " ***(aiṃ Hreem śrīṃ) astrāya phaṭ***", sprinkle the Vishesh Arghya patra with the water from the **samanya arghya**.

2. Decorate the Vishesh Arghya Patra with sandalwood and kumkum and place the Vishesh Arghya Patra on the base while chanting the following mantra.
   (aiṃ Hreem śrīṃ) klīṃ (ha - 6) uṃ sūryamaṇḍalāya arthaprada dvādaśa kalātmane śrīmahātripurasundaryāḥ viśeṣārghyapātrāya namaḥ
   Translation - *Salutations to the visheshl arghya patra, which is the embodiment of the twelve aspects of the Surya Mandala, the giver of meaning, and the glorious Maha Tripura Sundari*

3. While reciting the following mantra, offer a garland of flowers to the Vishesh Arghya patra.
   (aiṃ Hreem śrīṃ) Hreem aiṃ mahālakṣmīśvari paramasvāmini ūrdhvaśūnya pravāhini somasūryāgni bhakṣiṇi paramākāśabhāsure āgaccha āgaccha viśa viśa pātraṃ pratigṛhṇa pratigṛhṇa huṃ phaṭ svāhā, |
   Translation: *O Mahālakṣmī, supreme ruler, who resides in ether, devourer of Soma, Surya, and Agni, come and enter the great luminous sky. Accept the vessel.*

4. While reciting the following mantra, invoke the Sun deity into the Vishesh Arghya patra.
   (aiṃ Hreem śrīṃ) ā kṛṣṇena rajasā vartamāno niveśayannamṛtaṃ martyaṃ ca

hiraṇyayena savitā rathenā devo yāti bhuvanāni paśyan |
hāṃ hīṃ hūṃ haiṃ hauṃ ha hamalavarayūṃ sūryamaṇḍalāya namaḥ
Translation - *The divine Savita (Sun God), traveling in his golden chariot, moves through the worlds, watching over all. Permeated by the dark (kṛṣṇa) dust (rajas), he connects the immortal and the mortal realms, enveloping both with his presence.*

5. Perform the **worship of the Sun** using the following mantras, and while meditating, visualize the **twelve aspects of the Surya Mandala** and worship the Vishesh Arghya patra with Akshata (raw rice)

(aiṃ Hreem śrīṃ) kaṃ bhaṃ tapinī kalāyai namaḥ	***(aiṃ Hreem śrīṃ) chaṃ daṃ suṣumnā kalāyai namaḥ***
(aiṃ Hreem śrīṃ) khaṃ baṃ tāpinī kalāyai namaḥ	***(aiṃ Hreem śrīṃ) jaṃ thaṃ bhogadā kalāyai namaḥ***
(aiṃ Hreem śrīṃ) gaṃ phaṃ dhūmrā kalāyai namaḥ	***(aiṃ Hreem śrīṃ) jhaṃ taṃ viśvā kalāyai namaḥ***
(aiṃ Hreem śrīṃ) ghaṃ paṃ marīci kalāyai namaḥ	***(aiṃ Hreem śrīṃ) jaṃ ṇaṃ bodhinī kalāyai namaḥ***
(aiṃ Hreem śrīṃ) ṅa naṃ jvālinī kalāyai namaḥ	***(aiṃ Hreem śrīṃ) ṭaṃ ḍhaṃ dhāriṇī kalāyai namaḥ***
(aiṃ Hreem śrīṃ) caṃ dhaṃ ruci kalāyai namaḥ	***(aiṃ Hreem śrīṃ) ṭhaṃ ḍaṃ kṣamā kalāyai namaḥ***

Soma Mandal Pujan

1. Now, this vessel needs to be filled with the special arghya, which has already been prepared. After the worship, the special arghya becomes amrita. Before pouring the amrita into the Vishesh Arghya patra, recite the following mantra.
   (aiṃ Hreem śrīṃ) sauḥ (sa-4) maṃ soma maṇḍalāya kāmaprada Ṣoḍaśa kalātmane śrīmahātripurasundaryāḥ viśeṣa arghyamṛtāya namaḥ
   Translation - *Salutations to the visheshl arghya amrita, which fulfills desires and embodies the sixteen aspects. Salutations to the Soma Mandala of Sri Maha Tripura Sundari.*
2. Now, take a piece of peeled ginger and hold it in your left hand.
3. Then, take the Karana Kalasha in your right hand and slowly pour the special arghya over the ginger into the Vishesh Arghya patra, wetting it in the process.

4. While doing this, mentally recite all the Sanskrit alphabets first in the regular order and then in reverse order. This means starting from ' **aṃ** to **kṣaṃ** ' and then from ' **kṣaṃ** ' back to ' **aṃ** '.
   a. ***aṃ āṃ iṃ īṃ uṃ ūṃ ṛṃ ṛṃ ḷṛṃ lṛṃ eṃ aiṃ oṃ auṃ aṃ aḥ***
   b. ***kaṃ khaṃ gaṃ ghaṃ ṅaṃ***
   c. ***caṃ chaṃ jaṃ jhaṃ ñaṃ***
   d. ***ṭaṃ ṭhaṃ ḍaṃ ḍhaṃ ṇaṃ***
   e. ***taṃ thaṃ daṃ dhaṃ naṃ***
   f. ***paṃ phaṃ baṃ bhaṃ maṃ***
   g. ***yaṃ raṃ laṃ vaṃ śaṃ ṣaṃ saṃ haṃ laṃ kṣaṃ***

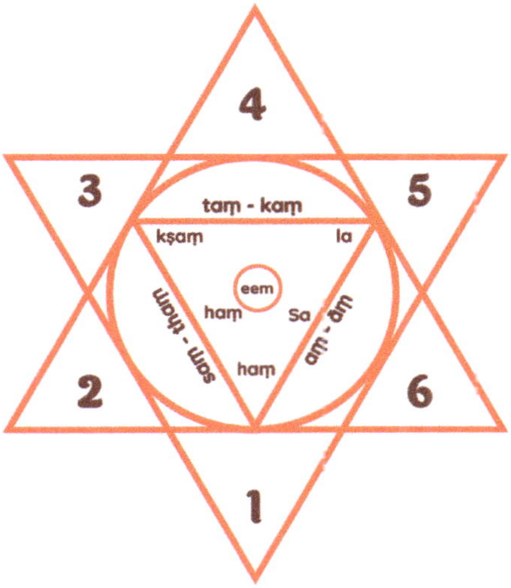

5. Now repeat the above in reverse order.
6. The vishesh arghya, which has already been prepared, is poured into the Vishesh Arghya patra.
   (aiṃ Hreem śrīṃ) āpyāyasva sametu te viśvataḥ soma vṛṣṇiyam bhavāvājasya saṅgathe sāṃ sīṃ sūṃ saiṃ sauṃ saḥ samalavarayūṃ somamaṇḍalāya namaḥ

7. Meditate on the **16 aspects of the Soma Mandala** in the Vishesh Arghya patra using the following mantras, which transforms the Vishesh arghya into amrita. It is important that the worship is performed in the **anticlockwise** manner.

(aiṃ Hreem śrīṃ) aṃ amṛtā kalāyai namaḥ	***(aiṃ Hreem śrīṃ) lṛṃ candrikā kalāyai namaḥ***
(aiṃ Hreem śrīṃ) āṃ mānadā kalāyai namaḥ	***(aiṃ Hreem śrīṃ) lṛṃ kānti kalāyai namaḥ***
(aiṃ Hreem śrīṃ) iṃ pūṣā kalāyai namaḥ	***(aiṃ Hreem śrīṃ) eṃ jyotsnā kalāyai namaḥ***
(aiṃ Hreem śrīṃ) īṃ tuṣṭi kalāyai namaḥ	***(aiṃ Hreem śrīṃ) aiṃ śrī kalāyai namaḥ***
(aiṃ Hreem śrīṃ) uṃ puṣṭi kalāyai namaḥ	***(aiṃ Hreem śrīṃ) oṃ prīti kalāyai namaḥ***
(aiṃ Hreem śrīṃ) ūṃ rati kalāyai namaḥ	***(aiṃ Hreem śrīṃ) au aṅgadā kalāyai namaḥ***
(aiṃ Hreem śrīṃ) ṛṃ dhṛti kalāyai namaḥ	***(aiṃ Hreem śrīṃ) aṃ pūrṇā kalāyai namaḥ***
(aiṃ Hreem śrīṃ) ṛṃ śaśinī kalāyai namaḥ	***(aiṃ Hreem śrīṃ) aḥ pūrṇāmṛtā kalāyai namaḥ***

8. After mixing honey into the amrita in the Vishesh Arghya patra, recite the following **Mahamrityunjaya mantra** eight times.
   (aiṃ Hreem śrīṃ) om juṃ saḥ svāhā

9. Meditate on an inverted triangle with a dot on the amrita in the Vishesh Arghya patra, as shown below.
10. Now, we need to write 51 letters of Sanskrit (such as " ***aṃ*** " or " ***āṃ***") on the three corners of the triangle, as detailed below. The letters can be written using a stylus, as described in the previous section.
    - ***1 - 2: aṃ āṃ iṃ īṃ uṃ ūṃ ṛṃ ṛṃ ḷṃ lṃ eṃ aiṃ oṃ auṃ aṃ aḥ (16 letters)***
    - ***2 - 3: kaṃ khaṃ gaṃ ghaṃ ṅaṃ caṃ chaṃ jaṃ jhaṃ ñaṃ ṭaṃ ṭhaṃ ḍaṃ ḍhaṃ ṇaṃ taṃ (16 letters)***
    - ***3 -1: thaṃ daṃ dhaṃ naṃpaṃ phaṃ baṃ bhaṃ maṃ yaṃ raṃ laṃ vaṃ śaṃ ṣaṃ saṃ (16 letters)***
    - ***4 - haṃ;***
    - ***5 - oṃ.***
    - ***6 - kṣaṃ (51 sanskrit letters end here).***
    - ***7 - īṃ (kāma kalā).***
    - ***8 - haṃ***
    - ***9- saḥ | (7, 8, 9 are separate from the 51 sanskrit letters)***

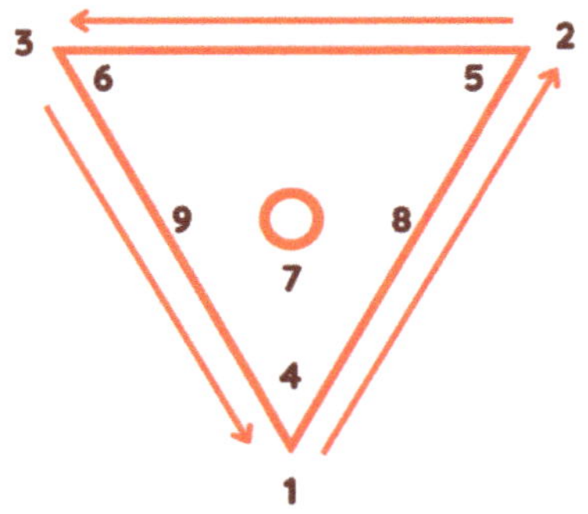

Panchadasi initiates must write the Panchadasi Mantra as mentioned below: (Bala mantra initiates must use Bala Mantra for the below process.
- At point (s. no. 7): (Aim Hreem Shreem) ***ka e ī la Hreem***. ***ha sa ka ha la Hreem***. ***sa ka la Hreem Namah***.
- Between no. 1 to 2: (Aim Hreem Shreem) ***ka e ī la Hreem Namah***.
- Between no. 2 to 3: (Aim Hreem Shreem) ***ha sa ka ha la Hreem Namah.***
- Between no. 3 to 1: ***sa ka la Hreem Namah***.
- (aiṃ Hreem śrīṃ) ***haṃ saḥ namaḥ***

11. **(Only for Panchadashi)** - Now, visualize a circle around this triangle, and then visualize a hexagon, as shown below. The worship of the inner triangle has already been completed. Starting from the lower outer triangle, proceed in a counterclockwise direction, and worship with the Panchadashi mantra. If someone finds it difficult to write, they can meditate instead.
    1. **(aiṃ Hreem śrīṃ)** ***ka e ī la Hreem hṛdayāya namaḥ| hṛdaya śakti śrīpādukāṃ pūjayāmi namaḥ***
    2. ***(aiṃ Hreem śrīṃ) ha sa ka ha la Hreem śirase svāhā| śira ḥśakti śrīpādukāṃ pūjayāmi namaḥ***
    3. ***(aiṃ Hreem śrīṃ) sa ka la Hreem śikāyai vaṣaṭ| śikhā śakti śrīpādukāṃ pūjayāmi namaḥ***

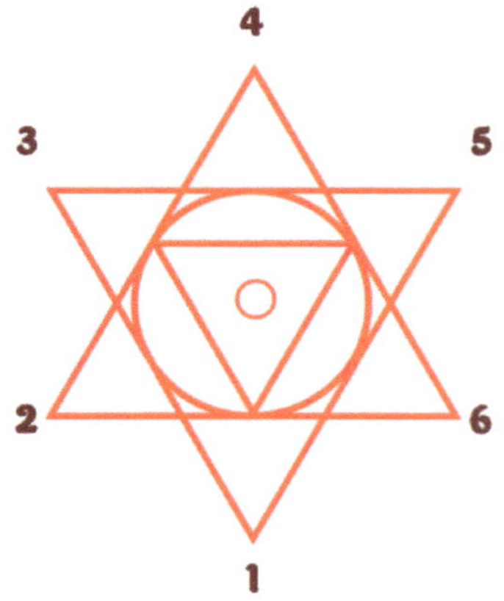

4. ***(aiṃ Hreem śrīṃ) ka e ī la Hreem kavacāya hūṃ| kavaca śakti śrīpādukāṃ pūjayāmi namaḥ***
5. ***(aiṃ Hreem śrīṃ) ha sa ka ha la Hreem netratrayāya vauṣaṭ| netraśakti śrīpādukāṃ pūjayāmi namaḥ***
6. ***(aiṃ Hreem śrīṃ) sa ka la Hreem astrāya phaṭ| astraśakti śrīpādukāṃ pūjayāmi namaḥ***

Sudha Devi Puja

1. The amrita situated in the **Vishesh Arghya patra** is known by the name "**Sudha Devi**". She is established in the form of amrita itself or is considered the presiding deity of amrita. Her manifestation occurs through the **Bala and Panchadashi mantras**. Sudha Devi is depicted with two arms. In one hand, she holds a pot filled with amrita, symbolizing moksha (liberation), while in the other hand, she holds a fish, symbolizing the material world. Both provide happiness, but material pleasures are transient, whereas moksha is the true source of eternal bliss.
2. The following mantra should be recited in praise of Sudha Devi.
   (aiṃ Hreem śrīṃ) 'mūlaṃ' tāṃ cinmayīṃ ānanda lakṣaṇāṃ amṛtakalaśa pishita Hasta dvayāṃ prasannāṃ devīṃ pūjayāmi namaḥ svāhā
   Translation: *I worship the radiant goddess Sudha Devi, the embodiment of pure consciousness and bliss, who holds the Amrita Kalash in her two hands. Salutations to her, the root of all, Svāhā." This mantra honors the goddess as the source of bliss and consciousness, acknowledging her role as the bearer of the nectar of immortality.*

3. Now we have to invoke **Sudha Devi** in our **seven Chakras** – from Muladhara to just below Sahasrara. Moolam refers to the initiated mantra, like **Bala, Panchadasi**, or **Shodashi**.
   1. ***(aiṃ Hreem śrīṃ) mūlaṃ pṛthivī tattvam āvāhayāmi namaḥ***
      (Contemplation on the Muladhara Chakra)
   2. ***(aiṃ Hreem śrīṃ) mūlaṃ āpaḥ tattvam āvāhayāmi namaḥ***
      (Contemplation on Swadhisthana Chakra)
   3. ***(aiṃ Hreem śrīṃ) mūlaṃ teja tattvam āvāhayāmi namaḥ***
      (Contemplation on Manipura Chakra)
   4. ***(aiṃ Hreem śrīṃ) mūlaṃ vāyu tattvam āvāhayāmi namaḥ***
      (Contemplation on Anahata Chakra)
   5. ***(aiṃ Hreem śrīṃ) mūlaṃ ākāśa tattvam āvāhayāmi namaḥ***
      (Contemplation on Vishuddhi Chakra)
   6. ***(aiṃ Hreem śrīṃ)mūlaṃ manas tattvam āvāhayāmi nama***
      (Meditation on Ajna Chakra)
   7. ***(aiṃ Hreem śrīṃ) mūlaṃ unmana tattvam āvāhayāmi namaḥ***
      (Contemplation on the Manas Chakra. It is just above the Ajna Chakra.)

4. **After reciting the above shloka, take nectar from the vishesh arghya vessel in a small spoon.** Each of the following mantras has a purpose. While chanting the following mantra, hold the spoon above your head.
   (aiṃ Hreem śrīṃ) vaṣaṭ

5. Chant following mantra and pour the arghya from the spoon back into the Vishesh Arghya patra.
   (aiṃ Hreem śrīṃ) svāhā

6. Chant following mantra and **show Avagunthana Mudra** above the Vishesh Vessel.
   (aiṃ Hreem śrīṃ) huṃ

7. Chant this mantra and show the Dhenu Mudra over the Vishesh Arghya Vessel.
   (aiṃ Hreem śrīṃ) vauṣaṭ

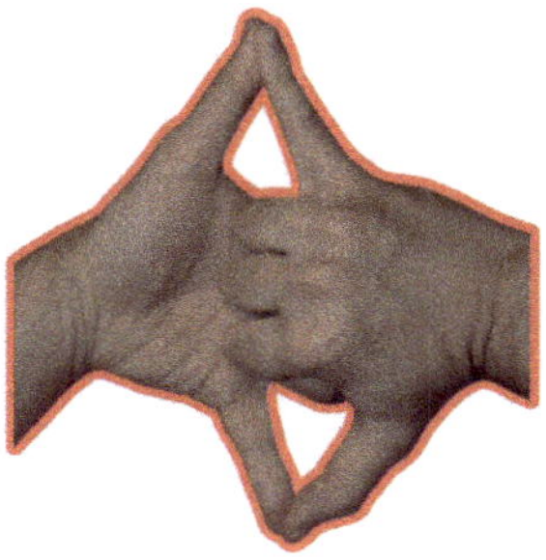

Galini Mudra

8. Chant the following mantra and show the **Astra Mudra** over the Vishesh Arghya Vessel.
   (aiṃ Hreem śrīṃ) phaṭ

9. Offer the flowers on the Vishesh arghya patra by reciting the following mantra.
   (aiṃ Hreem śrīṃ) namaḥ

10. Now chant the **Moola mantra** while looking at the **Vishesh Arghya Patra** and show the **Galini Mudra**.
    (Aim Hreem Shreem) Moolamantra

11. Chant the above mantra seven times and worship **Sudha Devi** mentally with lamp, incense, flower etc in the **Vishesh Arghya Patra** with **Yoni Mudra.**
    (aiṃ Hreem śrīṃ) Moolamantra

12. Now take a few drops of Consecrated Water from the special Arghya Patra and sprinkle it on all the Puja materials. Chant the Moolamantra 16 times.
    (aiṃ Hreem śrīṃ) Moolamantra

Shuddhi Sanskar

Make the following mandala on the right side of the Vishesh Arghya Patra with **Matsya Mudra** using the water in Vardhini Kalash.

Shuddhi Patra Sthapana: While chanting the following mantra, place a small plate on the mandala.

Note: Some lineages add ***(aiṃ Hreem śrīṃ)*** before each mantra but it is optional.

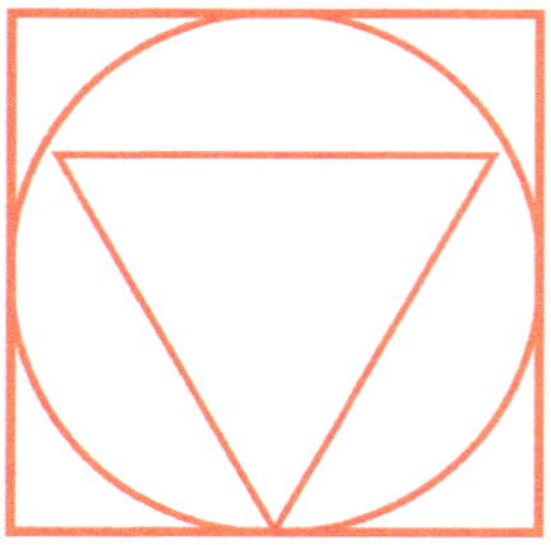

1. ***Hreem hrauṃ namaḥ śivāya***
   Place pieces of ginger on this plate. These are placed here for purification purposes. Now touching this place with the right hand, recite the following mantra eight times.
1. ***om ślīṃ paśu huṃ phaṭ,*** (Recite the mantra eight times)

2. ***sadyojātaṃ prapadyāmi sadyojātāya vai namo namaḥ | bhave bhave nātibhave bhavasva māṃ bhava udbhavāya namaḥ***
3. ***vāmadevāya namo jyeṣṭhāya namaḥ śreṣṭhāya namo rudrāya namaḥ, kālāya namah, kalavikaraṇāya namo, balavikaraṇāya namo balāya namo balaprathamnāya namaḥ sarva bhūtadamanāya namo manonmanāya namaḥ***
4. ***aghorebhyo atha ghorebhyo ghora ghoratarebhyaḥ sarvebhyaḥ sarvaśarvebhyo namaste astu rudrarūpebhyaḥ***
5. ***tatpuruṣāya vidmahe mahādevāya dhīmahi tanno rudraḥ pracodayāt***
6. ***īśānah sarvavidyānāma īśvarah sarvabhūtānāṃ brahmādhipatih brahmaṇodhih patih brahmā śivo me astu sadāśivom***

Offer dry ginger candy, rice and flowers.

Establishing Guru Patra and Atma Patra

1. Create two mandalas, one to the right of the **Vishesh Arghya** and one below the **Shuddhi patra.**

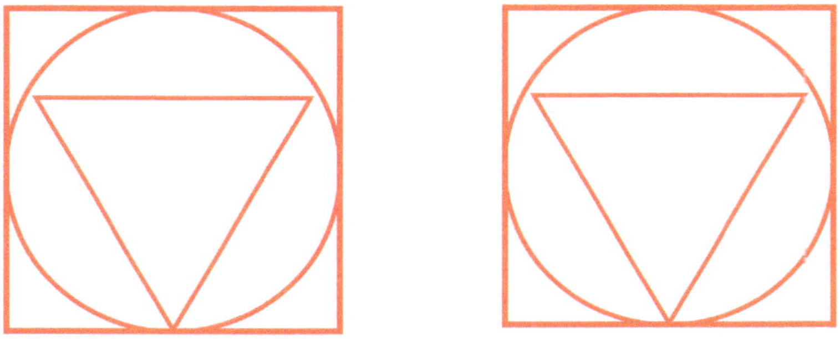

Note: Some lineages add ***(aiṃ Hreem śrīṃ)*** before each mantra but it is optional.

2. Worship the **Guru Mandala** with this mantra and place a **Guru patra**.
haṃsah śivah sohaṃ, sohaṃ haṃsah śivah, haṃsah śivah sohaṃ haṃsaḥ haskhphreṃ hasakṣamalavarayūṃ namaḥ |

3. Worship the second mandala with this mantra and place the Atma patra.
(aiṃ Hreem śrīṃ) haṃsaḥ namaḥ

4. The Vishesh Arghya will be consecrated with the following 94 kalas. This consecration with these kalas is performed to completely purify our mind, intellect, consciousness, and ego (antahkarana). For the purpose of consecration, touch the Vishesh Arghya patra with your right hand. Alternatively, you can also touch the spoon placed inside it. While doing so, the Vishesh Arghya patra should not be moved. The 94 kalas are listed below.

- **Agni Mandala** – 10; **Surya Mandala** – 12; **Soma Mandala** – 16; **Brahma Mandala** – 10; **Vishnu Mandala** – 10; **Rudra Mandala** – 10; **Ishwar Mandala** – 4; **Sadashiv Mandala** – 16; **Ashwini Kumars** 2, **Twasta**, **Prajapati, Sinivali**, & **Saraswati**

Agni Kala

(aiṃ Hreem śrīṃ) yaṃ dhūmrārciṣe namaḥ	***(aiṃ Hreem śrīṃ) ṣaṃ suśriyai namaḥ***
(aiṃ Hreem śrīṃ) raṃ ūṣmāyai namaḥ	***(aiṃ Hreem śrīṃ) saṃ surūpāyai namaḥ***
(aiṃ Hreem śrīṃ) laṃ jvalinyai namaḥ	***(aiṃ Hreem śrīṃ) haṃ kapilāyai namaḥ***
(aiṃ Hreem śrīṃ) vaṃ jvālinyai namaḥ	***(aiṃ Hreem śrīṃ) nṃ havyavāhinyai namaḥ***
(aiṃ Hreem śrīṃ) śaṃ visphuliṅginyai namaḥ	***(aiṃ Hreem śrīṃ) kṣaṃ kavyavāhinyai namaḥ***

Surya Kala

(aiṃ Hreem śrīṃ) kaṃ bhaṃ tapinyai namaḥ	***(aiṃ Hreem śrīṃ) chaṃ daṃ suṣumnāyai namaḥ***
(aiṃ Hreem śrīṃ) khaṃ baṃ tāpinyai namaḥ	***(aiṃ Hreem śrīṃ) jaṃ thaṃ bhogadāyai namaḥ***
(aiṃ Hreem śrīṃ) gaṃ phaṃ dhūmrāyai namaḥ	***(aiṃ Hreem śrīṃ) jhaṃ taṃ viśvāyai namaḥ***
(aiṃ Hreem śrīṃ) ghaṃ paṃ marīcyai namaḥ	***(aiṃ Hreem śrīṃ) ñaṃ ṇaṃ bodhinyai namaḥ***
(aiṃ Hreem śrīṃ) ṅaṃ naṃ jvālinyai namaḥ	***(aiṃ Hreem śrīṃ) ṭaṃ ḍhaṃ dhāriṇyai namaḥ***
(aiṃ Hreem śrīṃ) caṃ dhaṃ rucyai namaḥ	***(aiṃ Hreem śrīṃ) ṭhaṃ ḍaṃ kṣamāyai namaḥ***

Soma Kala

(aiṃ Hreem śrīṃ) aṃ amṛtāyai namaḥ	***(aiṃ Hreem śrīṃ) lṛṃ candrikāyai namaḥ***
(aiṃ Hreem śrīṃ) āṃ mānadāyai namaḥ	***(aiṃ Hreem śrīṃ) ḹṛṃ kāntyai namaḥ***
(aiṃ Hreem śrīṃ) iṃ pūṣāyai namaḥ	***(aiṃ Hreem śrīṃ) eṃ jyotsnāyai namaḥ***
(aiṃ Hreem śrīṃ) īṃ tuṣṭyai namaḥ	***(aiṃ Hreem śrīṃ) aiṃ śriyai namaḥ***
(aiṃ Hreem śrīṃ) ūṃ puṣṭayai namaḥ	***(aiṃ Hreem śrīṃ) oṃ prītyai namaḥ***
(aiṃ Hreem śrīṃ) ūṃ ratyai namaḥ	***(aiṃ Hreem śrīṃ) aum aṅgadāyai namaḥ***
(aiṃ Hreem śrīṃ) ṛṃ dhṛtyai namaḥ	***(aiṃ Hreem śrīṃ) aṃ pūrṇāyai namaḥ***
(aiṃ Hreem śrīṃ) ṛṃ śaśinyai namaḥ	***(aiṃ Hreem śrīṃ) aḥ pūrṇāmṛtāyai namaḥ***

Brahma Kala

(aiṃ Hreem śrīṃ) kaṃ sṛṣṭyai namaḥ	*(aiṃ Hreem śrīṃ) caṃ lakṣmyai namaḥ*
(aiṃ Hreem śrīṃ) khaṃ ṛddhyai namaḥ	*(aiṃ Hreem śrīṃ) chaṃ dyutyai namaḥ*
(aiṃ Hreem śrīṃ) gaṃ smṛtyai namaḥ	*(aiṃ Hreem śrīṃ) jaṃ sthirāyai namaḥ*
(aiṃ Hreem śrīṃ) ghaṃ medhāyai namaḥ	*(aiṃ Hreem śrīṃ) jhaṃ sthityai namaḥ*
(aiṃ Hreem śrīṃ) ṅaṃ kāntyai namaḥ	*(aiṃ Hreem śrīṃ) ñaṃ siddhyai namaḥ*

Vishnu Kala

(aiṃ Hreem śrīṃ) ṭaṃ jarāyai namaḥ	*(aiṃ Hreem śrīṃ) taṃ kāmikāyai namaḥ*
(aiṃ Hreem śrīṃ) ṭhaṃ pālinyai namaḥ	*(aiṃ Hreem śrīṃ) thaṃ varadāyai namaḥ*
(aiṃ Hreem śrīṃ) ḍaṃ śāntyai namaḥ	*(aiṃ Hreem śrīṃ) daṃ hlādinyai namaḥ*
(aiṃ Hreem śrīṃ) ḍhaṃ īśvaryai namaḥ	*(aiṃ Hreem śrīṃ) dhaṃ prītyai namaḥ*
(aiṃ Hreem śrīṃ) ṇaṃ ratyai namaḥ	*(aiṃ Hreem śrīṃ) naṃ dīrghāyai namaḥ*

Rudra Kala

(aiṃ Hreem śrīṃ) paṃ tīkṣṇāyai namaḥ	*(aiṃ Hreem śrīṃ) yaṃ kṣudhāyai namaḥ*
(aiṃ Hreem śrīṃ) phaṃ raudrāe namaḥ	*(aiṃ Hreem śrīṃ) raṃ krodhinyai namaḥ*
(aiṃ Hreem śrīṃ) baṃ bhayāyai namaḥ	*(aiṃ Hreem śrīṃ) laṃ kriyāyai namaḥ*
(aiṃ Hreem śrīṃ) bhaṃ nidrāyai namaḥ	*(aiṃ Hreem śrīṃ) vaṃ udgāryai namaḥ*
(aiṃ Hreem śrīṃ) maṃ tandrāyai namaḥ	*(aiṃ Hreem śrīṃ) śaṃ mṛtyave namaḥ*

Ishwarkala

(aiṃ Hreem śrīṃ) ṣaṃ pītāyai namaḥ	***(aiṃ Hreem śrīṃ) haṃ aruṇāyai namaḥ***
(aiṃ Hreem śrīṃ) saṃ śvetāyai namaḥ	***(aiṃ Hreem śrīṃ) kṣaṃ asitāyai namaḥ***

Sadhashivakala

(aiṃ Hreem śrīṃ) aṃ nivṛttyai namaḥ	***(aiṃ Hreem śrīṃ) lṛṃ parāyai namaḥ***
(aiṃ Hreem śrīṃ) āṃ pratiṣṭhāyai namaḥ	***(aiṃ Hreem śrīṃ) lrṃ sūkṣmāyai namaḥ***
(aiṃ Hreem śrīṃ) iṃ vidyāyai namaḥ	***(aiṃ Hreem śrīṃ) eṃ sūkṣmāmṛtāyai namaḥ***
(aiṃ Hreem śrīṃ) īṃ śāntyai namaḥ	***(aiṃ Hreem śrīṃ) aiṃ jñānāyai namaḥ***
(aiṃ Hreem śrīṃ) uṃ indhikāyai namaḥ	***(aiṃ Hreem śrīṃ) oṃ jñānāmṛtāyai namaḥ***
(aiṃ Hreem śrīṃ) ūṃ dīpikāyai namaḥ	***(aiṃ Hreem śrīṃ) auṃ āpyāyinyai namaḥ***
(aiṃ Hreem śrīṃ) ṛṃ recikāyai namaḥ	***(aiṃ Hreem śrīṃ) aṃ vyāpinyai namaḥ***
(aiṃ Hreem śrīṃ) rṃ mocikāyai namaḥ	***(aiṃ Hreem śrīṃ) aḥ vyomarūpāyai namaḥ***

viṣṇuryoniṃ kalpayatu tvaṣṭā rūpāṇi pinśatu |
āsiñcatu prajāpatirdhātā garbha dadhātu te ||
garbhaṃ dhehi sinīvāli garbhaṃ dhehi sarasvati |
garbhaṃ te aśvinau devā vādhattāṃ puṣkarasrajā || namaḥ ||

Translation: *May Viṣṇu create the womb and may Tvaṣṭā shape the forms. May Prajāpati pour forth and may Dhātā place the embryo within you. O Sinīvālī and Sarasvatī, place the embryo. May the Aśvins nourish the embryo with the essence of the lotus.*

Now chant the following mantras

1. ***(aiṃ Hreem śrīṃ) 'mūla' namaḥ ||***
2. ***(aiṃ Hreem śrīṃ) akhaṇḍaika rasānandakare para sudhātmani svacchanda sphuraṇāmatra nidhehi kulanāyike namaḥ***

Translation: *"Salutations to Kuleshwari, to the presiding deity of the lineage who embodies the undivided, blissful essence, the supreme pure self, and radiates independent, spontaneous brilliance."*

3. ***(aiṃ Hreem śrīṃ) akulasth āmṛtākāre śuddha jñānakare pare amṛtatvaṃ nidhehy asmin vastuni klinnarūpiṇi namaḥ***
   Translation: *"Salutations to Klinnarupini the one who is situated in the primordial state, in the form of nectar and pure knowledge, establishing supreme immortality in this being, embodied as compassion."*
4. ***(aiṃ Hreem śrīṃ) tadrūpiṇyai karasya tvaṃ kṛtvā hyetat svarūpiṇi bhūtvā parā mṛtākārā mayi citsphuraṇaṃ kuru namaḥ***
   Translation: *"Salutations Chittashakti, to the one who, in that form, becomes the instrument and true embodiment of the supreme immortal form, awakening consciousness within me."*
5. ***(aiṃ Hreem śrīṃ) aiṃ blūṃ jhauṃ jūṃ saḥ amṛte amṛtodbhave amṛteśvari amṛta-varṣiṇi amṛtaṃ srāvaya srāvaya svāhā namaḥ***
   Translation: *"Salutations and offerings to Amriteshwari the goddess of immortality, born of nectar, who rains nectar and causes it to flow, with the energies of aiṃ blūṃ jhauṃ jūṃ saḥ."*
6. ***(aiṃ Hreem śrīṃ) aiṃ vada vada vāgvādini aiṃ klīṃ klinne kledini kledaya kledaya mahākṣobhaṃ kuru kuru klīṃ sauḥ mokṣaṃ kuru kuru hsauḥ shauḥ namaḥ***
   Translation: *"Salutations Vagvadini to the goddess of speech, who moistens and transforms, creating great agitation and granting liberation, with the energies of aiṃ klīṃ sauḥ hsauḥ."*

Take some Vishesh Arghya water and pour it into the Guru Patra. If the Guru is present, offer the Guru Patra to them. The Guru will partake of the Vishesh Arghya and leave a small portion in the Guru Patra, known as **Guru Prasad or Guru Ucchishta**. This blessed remnant is then distributed among the disciples.

After receiving the Guru Patra back from the Guru, the Sadhak should transfer the Guru Prasad to their Atma Patra. If the Guru is not personally present, place the Guru Patra on the crown of your head and meditate on the Guru Paduka.

Following the recitation of the Guru Paduka Mantra, transfer the Vishesh Arghya from the Guru Patra to the Atma Patra. Then, wash the Guru Patra and place it away from the Puja Mandal. Hold the Atma Patra in your right hand, supporting the lower part of the vessel with your thumb, middle finger, and ring finger. Chant the following mantras while holding the vessel.

(aiṃ Hreem śrīṃ) kuṇḍaliny adhiṣṭhita cadignimaṇḍalāya namaḥ

Consider the Vishesh Arghya in the Atma Patra as an oblation offered to the fire of Kundalini, which shines at the Muladhara Chakra. This process involves surrendering every aspect of our personality, including the mind, intellect, consciousness, ego, good and bad deeds, and thoughts. We offer our prana, all our bodies (gross, subtle, and causal, encompassing the five sheaths), and the three normal states of consciousness: waking, dreaming, and deep sleep. Additionally, we offer our past and present as oblations. The evil thoughts and actions from the past and present are offered as a special oblation in the Atma Patra to the fire of Kundalini. This act signifies a commitment to refrain from acquiring any further evil thoughts or actions. The oblation represents the purification of both the physical body and the inner self, symbolizing a renewed dedication to spiritual growth and moral integrity.

(aiṃ Hreem śrīṃ) mūlaṃ puṇyaṃ juhomi svāhā	***(aiṃ Hreem śrīṃ) mūlaṃ pāpaṃ juhomi svāhā***
(aiṃ Hreem śrīṃ) mūlaṃ kṛtyaṃ juhomi svāhā	***(aiṃ Hreem śrīṃ) mūlaṃ akṛtyaṃ juhomi svāhā***
(aiṃ Hreem śrīṃ) mūlaṃ saṅkalpaṃ juhomi svāhā	***(aiṃ Hreem śrīṃ) mūlaṃ vikalpaṃ juhomi svāhā***
(aiṃ Hreem śrīṃ) mūlaṃ dharma juhomi svāhā	***(aiṃ Hreem śrīṃ) mūlaṃ adharma juhomi svāhā***

1. ***(aiṃ Hreem śrīṃ) (mūlaṃ) adharmaṃ juhomi vauṣaṭ***
2. ***(aiṃ Hreem śrīṃ) itaḥ pūrvaṃ prāṇa buddhi deha dharmādhikārataḥ jāgrat svapna suṣupty avasthāsu manasā vācā karmaṇā hastābhyāṃ padbhyām udareṇa śiśnā yat smṛtaṃ yad uktaṃ yat kṛtaṃ tatsarva brahmārpaṇaṃ bhavatu svāhā***
3. ***(aiṃ Hreem śrīṃ) ārdraṃ jvalati jyotir aham asmi jyotir jvalati brahmā ahamasmi | soham asmi brahmā aham asmi | aham asmi brahmā aham asmi | aham evāhaṃ māṃ juhomi svāhā |***

Upon completing the Puja, visualize the Vishesh Arghya being offered to the inner fire of consciousness and drink the Vishesh Arghya water as prasad, embracing this feeling. Wash the vessel and adorn it with Kumkum and Chandan before placing it back in its designated spot.

Add a few drops of the Vishesh Arghya to the Vardhini Kalash. Similarly, add a few drops to the Samanya Arghya conch. Ensure that both the Vishesh Arghya and Samanya Arghya remain undisturbed in their respective places.

Remember, once the Nyasa is completed, you should not leave your seat. In exceptional cases, you may seek permission from your Guru to do so. If the Guru is not present and you must leave, chant the Mool Mantra 108 times along with all the Nyasa. After chanting the Mool Mantra, recite the Paduka Mantra and then resume the Navavarana Puja. Upon returning to your seat, perform the Tattvachamanam again to complete the Abhishekam process for the special Arghya.

śrī guru caraṇārpaṇamastu

SRI YANTRA INTRODUCTION

Sri Yantra, also known as Sri Chakra, is a highly sacred and mystical diagram that is considered the king of all yantras. It finds mention in ancient Hindu scriptures and is considered a medium of supreme worship of the Goddess. Sri Yantra is made up of a specific combination of triangles, circles and petals, which represent the flow of energy and encompass all the divine forces of the universe.

The word 'Sri' in Sanskrit means 'auspicious' or 'holy', while 'yantra' means 'instrument of liberation'. Sri Yantra is used in meditation, prayer and worship, and is considered extremely effective for physical and emotional health, wealth, harmony in relationships and true spiritual progress.

Each element of **Sri Yantra** has a specific meaning and purpose. Its central point is called Bindu, which symbolizes the origin of creation. The four triangles pointing upwards represent the male energy or Shiva, while the five triangles pointing downwards symbolize the female energy or Shakti.

These nine interconnected triangles represent the wholeness and interconnectedness of the universe. Worshiping and meditating on the Sri Yantra not only brings spiritual peace to a person but also brings prosperity, health and success in his life. Thus, the Sri Yantra is not just a diagram but a spiritual tool that connects us to the divinity of the universe and helps us achieve the highest goals of life.

Sri Chakra Navavarana - The Navavaranas (nine coverings) of the Sri Chakra are the nine distinct levels or layers located within the Sri Yantra. Each covering has a special meaning and significance:

1. **TRAILOKYA MOHAN CHAKRA (BHUPUR)** - This is the outer covering with three squares and three circles. It is called the Trailokya Mohan Chakra, which means 'enchanter of the three worlds.
2. **SARVASHAPARIPURAKA CHAKRA** - It has sixteen petals. This layer is the fulfiller of all desires. It is related to the senses and their satisfaction.
3. **SARVA SANKSHOBHANA CHAKRA** - It has eight petals. This layer enhances inner purification and self-consciousness. It calms all mental and emotional disturbances.
4. **SARVA SAUBHAGYA DAYAK CHAKRA** - It has fourteen triangles. This layer attracts good luck and prosperity. It is a symbol of the grace and blessings of the Goddess.
5. **SARVARTHA SADHAK CHAKRA** - It has ten triangles. This layer achieves all goals and fulfils desires. It awakens mental and spiritual powers.
6. **SARVARAKSHAKARA CHAKRA** - It has ten small triangles. This layer protects against all kinds of negative forces.

7. **SARVAROGHARA CHAKRA** - It has eight triangles. This layer removes all diseases, bad influences and improves physical and mental health.
8. **SARVASIDDHIPRADA CHAKRA** - It has one small triangle. This layer achieves all siddhis. It is a symbol of spiritual advancement and higher knowledge.
9. **SARVANANDAMAYA CHAKRA (BINDU)** - This is the last and the innermost layer of the Shri Chakra. It has a bindu. This covering is a symbol of supreme bliss and divinity. This point is the abode of Mother Lalita.

śrī guru caraṇārpaṇamastu

SRI YANTRA WORSHIP RITUALS

If you have already done Guru, Ganapati, Bhairav, Panchopachara Puja and Sankalp etc. in the Sadhana sequence, then you should directly start with **Kara Nyasa**, otherwise follow these methods first. Their method and mantra are given at the beginning of Bahiryaag.

Kara Nyasa

1. ***aiṃ aṅguṣṭhābhyāṃ namaḥ*** (Consecrate your thumb with the mantra of Maa Saraswati)
2. ***Hreem tarjanībhyāṃ namaḥ*** (Consecrate the index finger with the mantra of Maa Bhuvaneshwari)
3. ***śrīṃ madhyamābhyāṃ namaḥ*** (Consecrate the middle finger with Lakshmi Mantra)
4. ***aiṃ anāmikābhyāṃ namaḥ*** *(*Consecrate the ring finger with the mantra of Maa Saraswati)
5. ***Hreem kaniṣṭhikābhyāṃ namaḥ*** (Consecrate the little finger with Maa Bhuvaneshwari Mantra)
6. ***śrīṃ karatala karapṛṣṭhābhyāṃ namaḥ*** (Consecrate Lakshmi Mantra on both sides of the palm)

Yantroddhar (Consecration & Activation of Yantra)

1. Prepare an altar **to install the yantra**.
    - Clean the place, sprinkle Gangajal **(Ganges Water)** on it,
    - spread flowers on it and worship the
      Yoga Peetha (Altar where the Yantra will be placed) deity with following mantra.
      (aiṃ Hreem śrīṃ) (aiṃ klīṃ sauḥ) mama maṃḍūkādi para tattva antaḥ pīṭha devatābhyo namaḥ |
2. Make an 8 petaled lotus with **Ashtagandha** on the plate. Take the Sri yantra, bathe it with milk and water. Clean it, apply the paste of **Ashtagandha** on it and place it on the altar in a plate and chant the following mantra.
   (aiṃ Hreem śrīṃ) (aiṃ klīṃ sauḥ) sarasvatī yoga pīṭha ātmane namaḥ|

3. Consecrate the Yantra with Tattva Mudra.
    1. ***(aiṃ Hreem śrīṃ) (aiṃ klīṃ sauḥ) āṃ Hreem kroṃ yaṃ,raṃ laṃ vaṃ saṃ śaṃ ṣa haṃ haṃsah soham, mama jīvaḥ ehā sthitā***
       Translation: *"With the energies of aiṃ Hreem śrīṃ and aiṃ klīṃ sauḥ, and the elements and chakras invoked, I declare 'I am That,' and may my soul reside here."*
    2. ***(aiṃ Hreem śrīṃ) (aiṃ klīṃ sauḥ) āṃ Hreem kroṃ yaṃ,raṃ laṃ vaṃ saṃ śaṃ ṣa haṃ haṃsah soham, mama sarva indriyāṇi ehā sthitāni***
       Translation: *"With the energies invoked, I declare 'I am That,' and may all my senses reside here."*

3. ***(aiṃ Hreem śrīṃ) (aiṃ klīṃ sauḥ) āṃ Hreem kroṃ yaṃ,raṃ laṃ vaṃ saṃ śaṃ ṣa haṃ haṃsa: soham, mama ,vāk, manah, cakṣu, śrotra, tvak, ghrāṇa, prāṇa, ehā gatyaṃ sukhaṃ ciram tiṣṭhantu svāhā***
   Translation: *"With the energies invoked, I declare 'I am That,' and may my speech, mind, eyes, ears, skin, nose, and life force remain here in happiness and for a long time. Svāhā."*

4. Take a **beautiful red lotus** or rose in your hands, meditate from the heart and visualize the goddess sitting on that flower and place the flower in the middle of the yantra.
5. Offer flowers, rice and 5 hand gestures as shown below.

6. Mentally worship the Goddess.
7. Perform worship of various deities on an 8-petal lotus on a bed of flowers of the yantra as given below:
8. Visualise the deities mentioned in the following mantras inside the stalk of the lotus we offered in step 4.
   a. ***(aiṃ Hreem śrīṃ) (aiṃ klīṃ sauḥ) maṇḍūkāya namaḥ,***
   b. ***(aiṃ Hreem śrīṃ) (aiṃ klīṃ sauḥ) kāla agni rūdrāya namaḥ,***
   c. ***(aiṃ Hreem śrīṃ) (aiṃ klīṃ sauḥ) mūla prakṛtiye namaḥ,***
   d. ***(aiṃ Hreem śrīṃ) (aiṃ klīṃ sauḥ) ādhāra śaktiye namaḥ***
   e. ***(aiṃ Hreem śrīṃ) (aiṃ klīṃ sauḥ) kūrmāya namaḥ,***
   f. ***(aiṃ Hreem śrīṃ) (aiṃ klīṃ sauḥ) śeṣāya namaḥ***
   g. ***(aiṃ Hreem śrīṃ) (aiṃ klīṃ sauḥ) vārāhāya namaḥ,***
   h. ***(aiṃ Hreem śrīṃ) (aiṃ klīṃ sauḥ) pṛthvayai namaḥ***
   i. ***(aiṃ hrīṃ śrīṃ) (aiṃ klīṃ sauḥ) sudhāṃbuddhaye namaḥ***
   j. ***(aiṃ hrīṃ śrīṃ) (aiṃ klīṃ sauḥ) ratna dvīpāya namaḥ***
   k. ***(aiṃ hrīṃ śrīṃ) (aiṃ klīṃ sauḥ) meruve namaḥ***
   l. ***(aiṃ hrīṃ śrīṃ) (aiṃ klīṃ sauḥ) naṃdana vanāya namaḥ***
   m. ***(aiṃ hrīṃ śrīṃ) (aiṃ klīṃ sauḥ) kalpavṛkṣāya namaḥ***
9. Visualise the deities mentioned in the following mantras in the base of the lotus
   a. ***(aiṃ Hreem śrīṃ) (aiṃ klīṃ sauḥ) vicitra ānanda bhūmayai namaḥ***
10. Visualise the deities mentioned in the following mantras above the lotus
   a. ***(aiṃ Hreem śrīṃ) (aiṃ klīṃ sauḥ) ratna mandirāya namaḥ***
   b. ***(aiṃ Hreem śrīṃ) (aiṃ klīṃ sauḥ) ratna vedikāya namaḥ***
   c. ***(aiṃ Hreem śrīṃ) (aiṃ klīṃ sauḥ) dharmavarṇāya namaḥ***
   d. ***(aiṃ Hreem śrīṃ) (aiṃ klīṃ sauḥ) ratna siṃhāsanāya namaḥ***
11. Visualise the deities mentioned in the following mantras in all directions:

a. ***(aiṃ Hreem śrīṃ) (aiṃ klīṃ sauḥ) dharmāya namaḥ,***
b. ***(aiṃ Hreem śrīṃ) (aiṃ klīṃ sauḥ) jñānāya namaḥ,***
c. ***(aiṃ Hreem śrīṃ) (aiṃ klīṃ sauḥ) vairāgyāya namaḥ,***
d. ***(aiṃ Hreem śrīṃ) (aiṃ klīṃ sauḥ) aiśvaryāya namaḥ,***
e. ***(aiṃ Hreem śrīṃ) (aiṃ klīṃ sauḥ) adharmāya namaḥ,***
f. ***(aiṃ Hreem śrīṃ) (aiṃ klīṃ sauḥ) ajñānāya namaḥ,***
g. ***(aiṃ Hreem śrīṃ) (aiṃ klīṃ sauḥ) avairāgyāya namaḥ,***
h. ***(aiṃ Hreem śrīṃ) (aiṃ klīṃ sauḥ) anaiśvaryai namaḥ.***

12. Visualise the deities mentioned in the following mantras in center:
    a. ***(aiṃ Hreem śrīṃ) (aiṃ klīṃ sauḥ) ānanda kandāya namaḥ***
    b. ***(aiṃ Hreem śrīṃ) (aiṃ klīṃ sauḥ) saṃvida ālaya namaḥ***
    c. ***(aiṃ Hreem śrīṃ) (aiṃ klīṃ sauḥ) sarva tatvātmakaṃ padmāya namaḥ***
    d. ***(aiṃ Hreem śrīṃ) (aiṃ klīṃ sauḥ) prakṛtimaya patrebhyo namaḥ***
    e. ***(aiṃ Hreem śrīṃ) (aiṃ klīṃ sauḥ) vikarmāya kesarebhyo namaḥ***
    f. ***(aiṃ Hreem śrīṃ) (aiṃ klīṃ sauḥ) pañcāśada bījāḍhyā karṇikāya namaḥ***
    g. ***(aiṃ Hreem śrīṃ) (aiṃ klīṃ sauḥ) aṃ dvādaśakalātmane sūryamaṇḍalāya namaḥ***
    h. ***(aiṃ Hreem śrīṃ) (aiṃ klīṃ sauḥ) uṃ ṣoḍaśa kālātmane soma manḍalāya namaḥ***
    i. ***(aiṃ Hreem śrīṃ) (aiṃ klīṃ sauḥ) maṃ daśa kalātmane vahni manḍalāya namaḥ***
    j. ***(aiṃ Hreem śrīṃ) (aiṃ klīṃ sauḥ) saṃ satvāya namaḥ***
    k. ***(aiṃ Hreem śrīṃ) (aiṃ klīṃ sauḥ) raṃ rajase namaḥ***
    l. ***(aiṃ Hreem śrīṃ) (aiṃ klīṃ sauḥ) taṃ tamase namaḥ***
    m. ***(aiṃ Hreem śrīṃ) (aiṃ klīṃ sauḥ) aṃ ātmane namaḥ***
    n. ***(aiṃ Hreem śrīṃ) (aiṃ klīṃ sauḥ) ūṃ antarātmane namaḥ***
    o. ***(aiṃ Hreem śrīṃ) (aiṃ klīṃ sauḥ) paṃ paramātmane namaḥ***
    p. ***(aiṃ Hreem śrīṃ) (aiṃ klīṃ sauḥ) Hreem jñānātmane namaḥ***

13. **Peeth devta worship** - Now after Yantroddhar, worship of Peetha deity (Altar deity) should be performed with following Mantra.
    a. ***(aiṃ Hreem śrīṃ) (aiṃ klīṃ sauḥ) baṃ brahmapretāya namaḥ***
    b. ***(aiṃ Hreem śrīṃ) (aiṃ klīṃ sauḥ) viṃ viṣṇupretāya namaḥ|***
    c. ***(aiṃ Hreem śrīṃ) (aiṃ klīṃ sauḥ) raṃ rudrapretāya namaḥ|***
    d. ***(aiṃ Hreem śrīṃ) (aiṃ klīṃ sauḥ) iṃ īśvarapretāya namaḥ|***
    e. ***(aiṃ Hreem śrīṃ) (aiṃ klīṃ sauḥ) saṃ sadāśivapretāya namaḥ|***
    f. ***(aiṃ Hreem śrīṃ) (aiṃ klīṃ sauḥ) suṃ sudhārṇava vāsāya namaḥ|***
    g. ***(aiṃ Hreem śrīṃ) (aiṃ klīṃ sauḥ) preṃ pretāmbujasanāya namaḥ|***
    h. ***(aiṃ Hreem śrīṃ) (aiṃ klīṃ sauḥ) diṃ divyāsanāya namaḥ|***
    i. ***(aiṃ Hreem śrīṃ) (aiṃ klīṃ sauḥ) caṃ cakrāsanāya namaḥ|***
    j. ***(aiṃ Hreem śrīṃ) (aiṃ klīṃ sauḥ) saṃ sarvamantrasnāya namaḥ|***
    k. ***(aiṃ Hreem śrīṃ) (aiṃ klīṃ sauḥ) saṃ sādhya siddhāsanāya namaḥ|***

14. **Peeth Shakti Pooja** - After performing the Peetha deity puja, one should worship the eight Peeth Shakti in the eight directions and finally at the center while chanting the following mantra
    a. ***(aiṃ Hreem śrīṃ) (aiṃ klīṃ sauḥ) icchāya namaḥ|***
    b. ***(aiṃ Hreem śrīṃ) (aiṃ klīṃ sauḥ) jñānāya namaḥ|***
    c. ***(aiṃ Hreem śrīṃ) (aiṃ klīṃ sauḥ) kriyāya namaḥ|***
    d. ***(aiṃ Hreem śrīṃ) (aiṃ klīṃ sauḥ) kāminyai namaḥ|***
    e. ***(aiṃ Hreem śrīṃ) (aiṃ klīṃ sauḥ) kāmadāyinyai namaḥ|***
    f. ***(aiṃ Hreem śrīṃ) (aiṃ klīṃ sauḥ) ratyai namaḥ|***
    g. ***(aiṃ Hreem śrīṃ) (aiṃ klīṃ sauḥ) ratipriyāyai namaḥ|***
    h. ***(aiṃ Hreem śrīṃ) (aiṃ klīṃ sauḥ) nandāyai namaḥ|***
    i. ***(aiṃ Hreem śrīṃ) (aiṃ klīṃ sauḥ) manonmanyai namaḥ|*** (center)

Chaturayatan Puja

Ganesha should be worshipped in the **South-West** and **Surya** in the **North-West**. Vishnu should be worshipped in the **North-East** and Shiva in the **South-east**.

1. ***gaṇeśa:*** *om sumukhāya namaḥ | ekadantāya namaḥ | kapilāya namaḥ | gaja karṇakāya namaḥ | lambodarāya namaḥ | śrī gaṇeśa pādukām pūjayāmi tarpayāmi namaḥ |*
2. ***sūrya****: om mitrāya namaḥ | om ravaye namaḥ | om sūryāye namaḥ | om bhānave namaḥ | om khagāya namaḥ | śrī sūryāya pādukām pūjayāmi tarpayāmi namaḥ |*
3. ***viṣṇu:*** *om acyutāya namaḥ | om anantāya namaḥ | om govindāya namaḥ | om keśavāya namaḥ | om trivikramāya namaḥ | om namo nārāyaṇāya | śrī nārāyaṇāya pādukām pūjayāmi tarpayāmi namaḥ|*
4. ***śiva:*** *om śivāya namaḥ | om harāya namaḥ | om rudrāya namaḥ | om mṛḍāya namaḥ | om puṣkarāya pādukām pūjayāmi tarpayāmi namaḥ*

Sixty-four Upchar Puja

Invoke the Goddess from your heart and visualize her seated on a **beautiful lotus flower**. Place this lotus flower on the Yantra. Perform the Puja using flower petals, rice, and other offerings. Following this, offer the **sixty-four Upcharas** to the Goddess.

The essential offerings include flowers, fragrances, panchamrita with **Vishesh Arghya** in a cup, and **Paan Beeda** (betel leaf wrapped with betel nut, saffron, dates, and cloves). Additionally, perform an **Abhishekam** with water for the Panchayatan **(Five main deities)** and the Sri Yantra.

bālārkayuta tejasāṃ trinayanāṃ raktatāṃmbar ullāsinim,
nānālankṛta rājamāna vapuṣāṃ baloḍurāṭa śekharāṃ|

hastaih ikṣudhanuḥ sṛṇiṃ sumaśaraṃ pāśaṃ mudā vibhratim,
śrīcakra sthita sundariṃ trijagatāṃ ādhārabhūtāṃ smaret||

Translation: *One should meditate upon the divine figure who is radiant like the rising sun, with three eyes, adorned in red garments, and shining brightly. She has a resplendent form decorated with various ornaments and strong, towering locks of hair. In her hands, she joyfully holds a* *sugarcane bow, an arrow, a noose, and a goad. Beautifully seated in the Śrīcakra, she is the foundation and support of the three worlds."*

Mentally offer her a seat and chant the following mantra
"aiṃ parāyai aparāyai parāparāyai hasrau: sadāśiva mahāpreta padma āsanāya namaḥ"

Sixty-four Upchara begins with the following Mantra

1. ***aiṃ Hreem śrīṃ śrī lalitāyai pādyam kalpayāmi namaḥ***
   "I offer water to wash the feet of Śrī Lalitā, invoking her divine presence."
2. ***aiṃ Hreem śrīṃ ābharaṇa- avaropaṇam kalpayāmi namaḥ***
   "I adorn Śrī Lalitā with ornaments, visualizing her divine beauty."
3. ***aiṃ Hreem śrīṃ sugandhi taila abhyangama kalpayāmi namaḥ***
   "I anoint Śrī Lalitā with fragrant oils, honoring her divine form."

Entry into the bathing room for bathing

4. ***aiṃ Hreem śrīṃ majjanaśālā praveśanam kalpayāmi namaḥ***
   "I visualize Śrī Lalitā entering the royal bathing chamber, invoking the divine presence."
5. ***aiṃ Hreem śrīṃ majjanaśālā maṇimaya pīṭha upaveśanam kalpayāmi namaḥ***
   "I offer Śrī Lalitā a seat on the jewel-encrusted platform in the royal bathing chamber, honoring the divine."

Offer scented water for bathing

6. ***aiṃ Hreem śrīṃ divya snānīyaṃ udvartanam***
   "I offer Śrī Lalitā a divine scrub with sacred bathing materials, purifying the divine form."
7. ***aiṃ Hreem śrīṃ uṣṇodaka snānaṃ kalpayāmi namaḥ***
   "I offer Śrī Lalitā warm water bath."
8. ***aiṃ Hreem śrīṃ kanaka kalaśacyuta sakala tīrtha abhiṣekaṃ kalpayāmi namaḥ***
   "I offer Śrī Lalitā ablutions with water from a golden vessel"
9. ***aiṃ Hreem śrīṃ dhauta vastraṃ parimārjanaṃ kalpayāmi namaḥ***
   "I offer fresh, clean garments."
10. ***aiṃ Hreem śrīṃ arūṇa dukūlaṃ paridhānaṃ kalpayāmi namaḥ***
    "I adorn with a red lower garment"
11. ***aiṃ Hreem śrīṃ aruṇa kucottarīyaṃ kalpayāmi namaḥ***
    "I offer a red upper garment."

Take to a royal room to apply fragrant ointment

12. ***aiṃ Hreem śrīṃ ālepa manḍapa praveśanama kalpayāmi namaḥ***
    "I visualize *Śrī Lalitā* entering the chamber to apply sacred lotion."
13. ***aiṃ Hreem śrīṃ ālepa manḍapa maṇi pīṭhopaveśnama kalpayāmi namaḥ***
    "I offer Śrī Lalitā seat on a jewelled platform in the chamber for applying sacred lotion."

Offer a variety of scents and flowers

14. ***aiṃ Hreem śrīṃ candana agara kumakuma mṛgamada karpūra gorocana ādi sarvāngīṇa vilepanaṃ kalpayāmi namaḥ:***
"I offer Śrī Lalitā a fragrant paste made of sandalwood, agarwood, saffron, musk, camphor, and other aromatics."
15. ***aiṃ Hreem śrīṃ keśābhārasya kālāgurū dhūpaṃ kalpayāmi namaḥ:***
"I offer Śrī Lalitā fragrant incense of kālāguru (a type of aloe wood)."
16. **aiṃ Hreem śrīṃ mallikā mālati jāti caṃpaka aśoka śata patra punnāga kusuma mālā kalpayāmi namaḥ:**
"I adorn Śrī Lalitā with a garland of jasmine, mālati, jāti, champaka, aśoka, lotus, and punnāga flowers."

Visualise taking Mother to a jewellery chamber to offer jewellery

17. ***aiṃ Hreem śrīṃ ābhūṣaṇaṃ maṇḍapa praveśanama***
"I visualize Śrī Lalitā entering the chamber for adorning with ornaments."
18. ***aiṃ Hreem śrīṃ ābhūṣaṇaṃ maṇḍapa maṇi pīṭhopaveśnama***
"I offer Śrī Lalitā a seat on the jewel-encrusted platform in the chamber for adorning with ornaments."

Offer Jewellery

19. ***aiṃ Hreem śrīṃ nava maṇi mukuṭaṃ kalpayāmi namaḥ***
"I adorn Śrī Lalitā with a crown of nine precious gems."
20. ***aiṃ Hreem śrīṃ candra śakalaṃ kalpayāmi namaḥ***
"I adorn Śrī Lalitā with a crescent moon ornament."
21. ***aiṃ Hreem śrīṃ sīmanta sindūraṃ kalpayāmi namaḥ***
"I apply sindoor to the parting of the hair of Śrī Lalitā signifying auspiciousness."
22. ***aiṃ Hreem śrīṃ mangala sūtraṃ kalpayāmi namaḥ***
"I adorn Śrī Lalitā with the mangalsutra, a sacred thread symbolizing divine union."
23. ***aiṃ Hreem śrīṃ tilaka ratnaṃ kalpayāmi namaḥ***
"I adorn Śrī Lalitā with a gemstone tilak, marking the forehead with divine light."
24. ***aiṃ Hreem śrīṃ kālānjanaṃ kalpayāmi namaḥ***
"I apply kajal to the eyes of Śrī Lalitā, enhancing the divine gaze."
25. ***aiṃ Hreem śrīṃ vali yugalaṃ kalpayāmi namaḥ***
"I adorn Śrī Lalitā with a pair of jeweled earrings."
26. ***aiṃ Hreem śrīṃ maṇi kunḍala yugalaṃ kalpayāmi namaḥ***
"I adorn Śrī Lalitā with a pair of gemstone earrings."
27. ***aiṃ Hreem śrīṃ maṇi nāsābharaṇam kalpayāmi namaḥ***
"I adorn Śrī Lalitā the nose of Śrī Lalitā with a gemstone ornament."
28. ***aiṃ Hreem śrīṃ adhara yavakaṃ kalpayāmi namaḥ***
"I apply lipstick to Śrī Lalitā."
29. ***aiṃ Hreem śrīṃ kanaka cintākaṃ kalpayāmi namaḥ***
"I adorn Śrī Lalitā with a golden pendant, representing divine radiance."

30. aiṃ Hreem śrīṃ padakaṃ kalpayāmi namah
"I adorn Śrī Lalitā with a small pendant."
31. aiṃ Hreem śrīṃ mahā padakaṃ kalpayāmi namaḥ
"I adorn Śrī Lalitā with a large pendant."
32. aiṃ Hreem śrīṃ muktāṃvalīṃ kalpayāmi namaḥ
"I adorn Śrī Lalitā them with pearl bangles."
33. aiṃ Hreem śrīṃ ekāvalīṃ kalpayāmi namaḥ
"I adorn Śrī Lalitā with a single bangle."
34. aiṃ Hreem śrīṃ channavīramaṃ kalpayāmi namaḥ
"I adorn Śrī Lalitā with a set of bangles."
35. aiṃ Hreem śrīṃ keyūra yugala catuṣṭayaṃ kalpayāmi namaḥ
"I adorn Śrī Lalitā with four pairs of armlets."
36. aiṃ Hreem śrīṃ valayā valima kalpayāmi namaḥ
"I adorn bracelets, enhancing divine grace."
37. aiṃ Hreem śrīṃ urmikā valima kalpayāmi namaḥ
"I adorn Śrī Lalitā with a waist chain."
38. aiṃ Hreem śrīṃ kāncīdāma kalpayāmi namaḥ
"I adorn Śrī Lalitā with a waistband."
39. aiṃ Hreem śrīṃ kaṭi sūtraṃ kalpayāmi namaḥ
"I adorn Śrī Lalitā with a sacred waist thread."
40. aiṃ Hreem śrīṃ śrī lalitāyai saubhāgya ābharaṇaṃ kalpayāmi namaḥ
"I offer Śrī Lalitā auspicious ornaments."
41. aiṃ Hreem śrīṃ pāda kaṭakaṃ kalpayāmi namaḥ
"I adorn the feet of Śrī Lalitā with anklets."
42. aiṃ Hreem śrīṃ ratna nūpuraṃ kalpayāmi namaḥ
"I adorn the feet of Śrī Lalitā with gemstone anklets."
43. aiṃ Hreem śrīṃ pāda anguliyakaṃ kalpayāmi namaḥ
"I adorn the toes of Śrī Lalitā with rings, symbolizing divine elegance."
44. aiṃ Hreem śrīṃ eka kare pāśaṃ kalpayāmi namaḥ
"I place a noose in one hand of Śrī Lalitā."
45. aiṃ Hreem śrīṃ anya kare ankuśaṃ kalpayāmi namaḥ
"I place a goad on the other hand of Śrī Lalitā."
46. aiṃ Hreem śrīṃ itara kare puṇḍrekṣu cāpaṃ kalpayāmi namaḥ
I place a sugarcane bow in another hand of Śrī Lalitā."
47. aiṃ Hreem śrīṃ aparakare puṣpa bāṇaṃ kalpayāmi namaḥ
"I place a flower arrow on the other hand of Śrī Lalitā."

Offer the throne with Shiva and other Gods

48. aiṃ Hreem śrīṃ śrīman māṇikya pāduke kalpayāmi namaḥ
"I offer a jewelled footrest to Śrī Lalitā."

49. aiṃ Hreem śrīṃ svasāmāna veśābhi āvaraṇa devatābhiḥ saḥ mahā cakrādhi rohanaṃ kalpayāmi namaḥ
"I invoke the divine energies of and deities of Sri cakra.

50. aiṃ Hreem śrīṃ kāmeśvara ankaparyanka upaveśanama kalpayāmi namaḥ
"I offer Śrī Lalitā this seat on the lap of Kāmeśvara to the divine goddess Lalitā."

51. aiṃ Hreem śrīṃ amṛta āsava caśkaṃ kalpayāmi namaḥ:
"I offer Śrī Lalitā a jar filled with the fruit elixir."

52. aiṃ Hreem śrīṃ ācamanīyama kalpayāmi namaḥ
"I offer Śrī Lalitā water for rinsing the mouth."

53. aiṃ Hreem śrīṃ karpūra vīṭīkām kalpayāmi namaḥ:
"I offer Śrī Lalitā a roll of betel leaf with camphor."

54. aiṃ Hreem śrīṃ śrī lalitāyai ānanda ullāsa vilāsa hāsaṃ kalpayāmi namaḥ:
"I invoke joy, exuberance, playfulness, and laughter in honor of Śrī Lalitā, celebrating divine bliss."

Lamp offering: Offer incense, rice, bell etc. and move the burning lamp three times in a clockwise direction.

55. aiṃ Hreem śrīṃ śrīṃ Hreem glūṃ slūṃ mlūṃ plūṃ nlūṃ Hreem śrīm
aiṃ Hreem śrīṃ jagata dhvani maṃtra mātaḥ svāhā
aiṃ Hreem śrīṃ śrī lalitāyai mangala āratīkaṃ kalpayāmi namaḥ

samasta cakracakreṣī yute devi navātmike,
āratīkaṃ idaṃ tubhyaṃ gṛhāṇa mama siddhaye|
I invoke divine energies using powerful bīja syllables to awaken and harmonize consciousness, with higher spiritual realms."
"I offer reverence to Śrī Lalitā, the Mother of all mantras, whose sound resonates throughout the universe, with the energies of aiṃ Hreem śrīṃ."
"I offer this auspicious light (āratī) to the Śrī Lalitā, infused with the sacred energies of 'aiṃ,' 'Hreem,' and 'śrīṃ,'. "O Śrī Lalitā, residing in the nine enclosures of Sri chakra, I offer this āratī to you; please accept it and grant me the fulfillment of my aspirations."

Place a lamp on the right side of the Goddess and offer flowers

56. aiṃ Hreem śrīṃ śrī lalitāyai chatraṃ kalpayāmi namaḥ
"I offer canopy to Śrī Lalitā."

57. aiṃ Hreem śrīṃ śrī lalitāyai cāmara yugalaṃ kalpayāmi namaḥ
"I offer these pair of fans to Śrī Lalitā."

58. aiṃ Hreem śrīṃ śrī lalitāyai darpaṇaṃ kalpayāmi namaḥ
"I offer this mirror to Śrī Lalitā."

59. aiṃ Hreem śrīṃ śrī lalitāyai tāla vṛttaṃ kalpayāmi namaḥ
"I offer these musical instruments to Śrī Lalitā."

60. ***aiṃ Hreem śrīṃ śrī lalitāyai gandhaṃ kalpayāmi namaḥ***
"I offer this fragrance to Śrī Lalitā."
61. ***aiṃ Hreem śrīṃ śrī lalitāyai puṣpaṃ kalpayāmi namaḥ***
"I offer these flowers to Śrī Lalitā."
62. ***aiṃ Hreem śrīṃ śrī lalitāyai dhūpaṃ kalpayāmi namaḥ***
"I offer this incense to Śrī Lalitā."
63. ***aiṃ Hreem śrīṃ śrī lalitāyai dīpaṃ kalpayāmi namaḥ***
"I offer this lamp to Śrī Lalitā."

Offering Naivedya to Devi

64. Process for offering food:
    a. Make a square mandal with Kumkum and put a plate on it with food offerings
    b. Sprinkle water on the offering while chanting the **mool mantra**.
    c. Now show the Dhenu Mudra while chanting "Vam" to purify the food.
    d. Show the five Pranic Mudras and Grass Mudra.
    aiṃ Hreem śrīṃ śrī lalitāyai naivedyaṃ kalpayāmi namaḥ
    aiṃ Hreem śrīṃ śrī lalitāyai pāniyama, uttarāpoṣanaṃ, hasta prakṣālanaṃ, gaṃḍūṣaṃ, ācamanīyaṃ samarpayāmi namaḥ
    "I offer these food items to the Śrī Lalitā."
    "I offer this water for drinking, refreshment, handwashing, mouth-rinsing, and sipping to Śrī Lalitā."

-
-

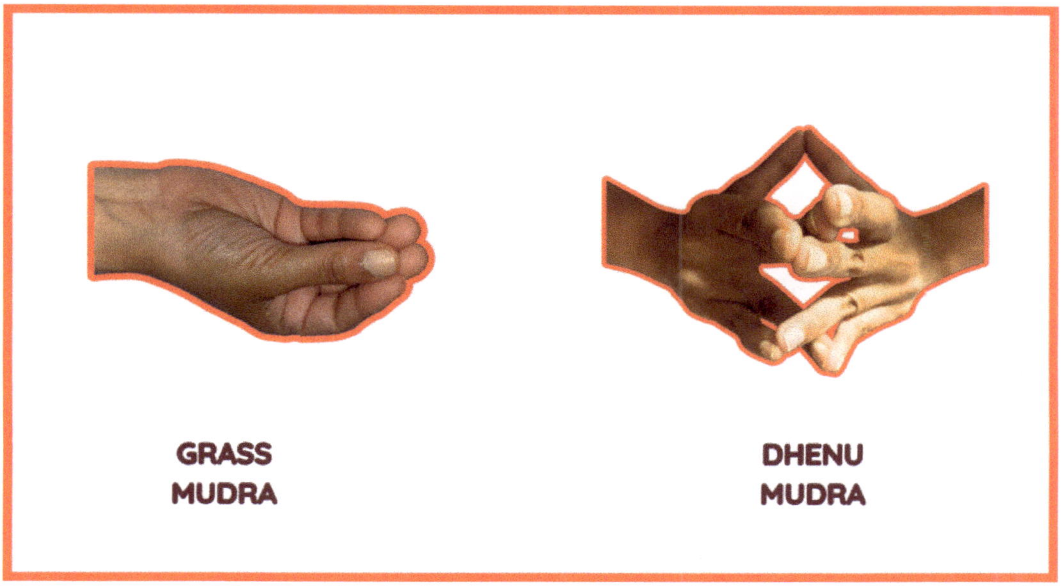

- While offering food show the five pranic mudras over the prasad as written below:
  1. ***om prāṇāya svāhā*** *(*Little finger + Ring + Thumb)
  2. ***om apānaya svāhā*** *(*Ring + Middle + Thumb)
  3. ***om vyānāya svāhā*** *(*Middle + Index + Thumb)
  4. ***om udānāya svāhā*** *(*Ring + Middle + Index + Thumb*)*
  5. ***om samānāya svāhā*** *(*all fingers + Thumb)

- Conclude with offering water 5 times and offer betel leaf along with betel nut. ***aiṃ Hreem śrīṃ drāṃ ,drīṃ, klīṃ, blūṃ, sah, kroṃ, haskhaphreṃ, hasauṃ, aiṃ, hasraim, hsklarim, hasrau***
- Now show the nine mudras to the Devi. Shodashi initiates should show Trikhanda Mudra also.

Show following **10 Mudra**

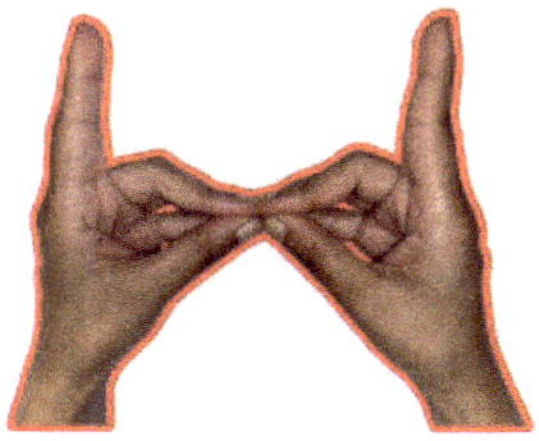

sarvasaṃkṣobhiṇī - drāṃ

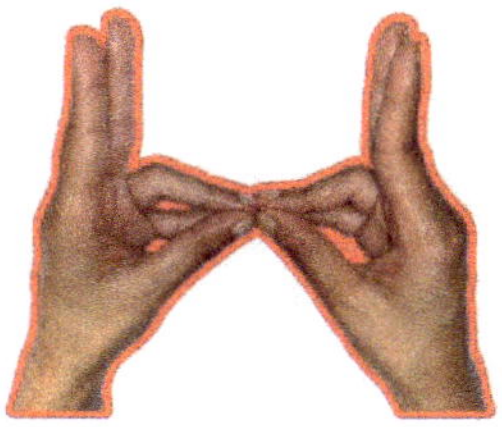

sarvavidrāviṇī - drīṃ

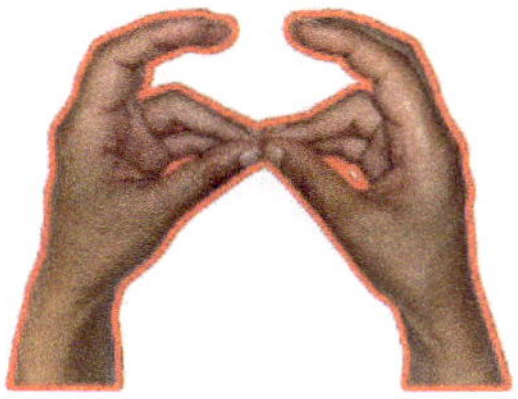

sarvākarṣiṇī - klīṃ

sarvavaśankari- blūṃ

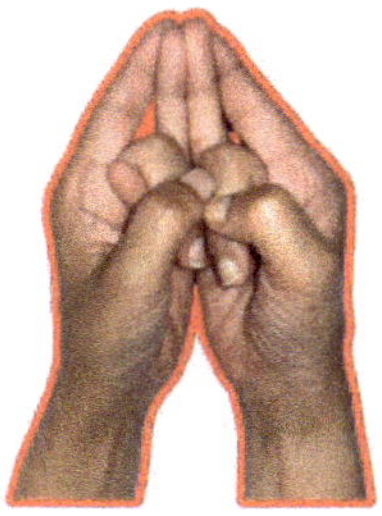

sarvonmādinī - saḥ

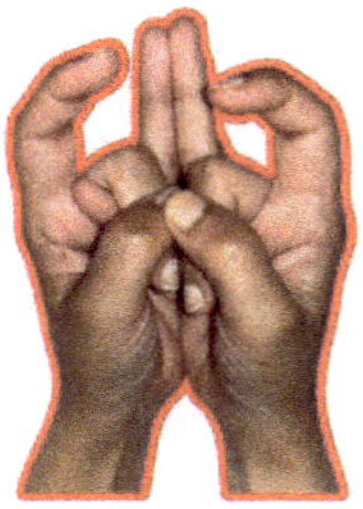

sarvamahānkuśe - krom

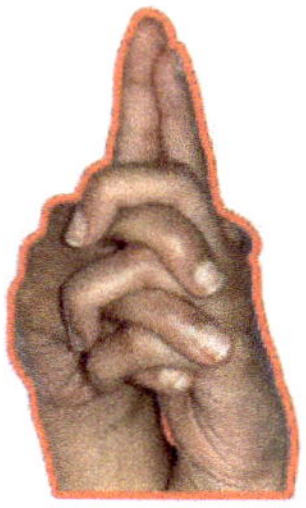

sarvakhecarī - haskhaphrem

sarvabīja - hasauḥ

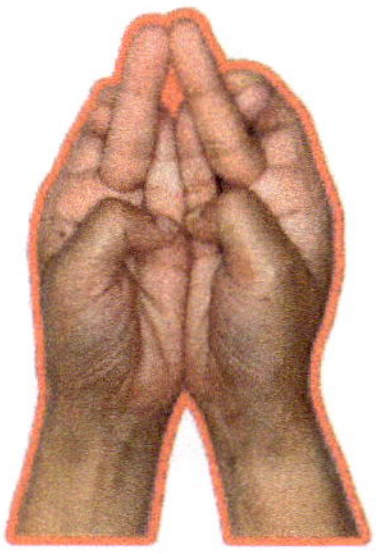

sarvayoni - aiṃ

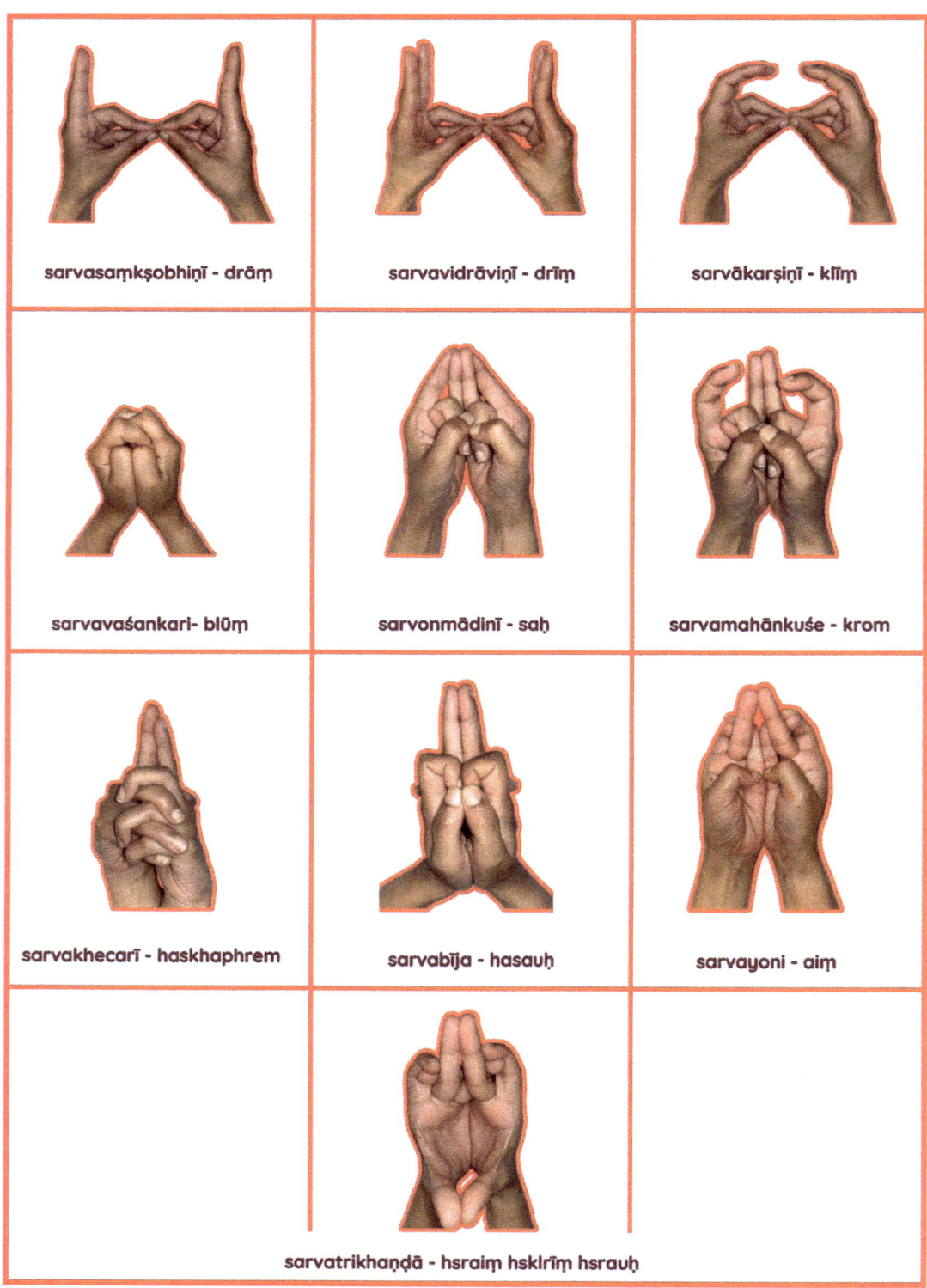

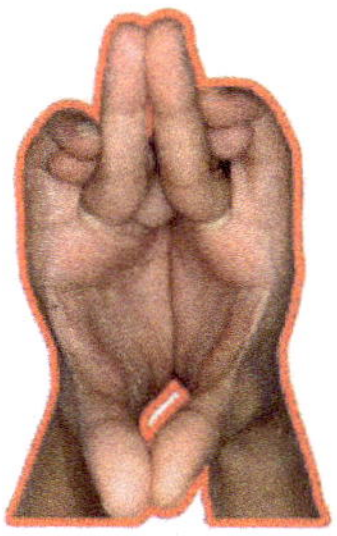

sarvatrikhaṇḍā - hsraiṃ hsklrīṃ hsrauḥ

Balashadang Nyasa

1. ***(aiṃ, klīṃ, sauḥ) aiṃ - hrdayāya namaḥ*** | Touch your heart with the right hand
2. ***(aiṃ, klīṃ, sauḥ) klīṃ - śirase svāhā*** | Touch the top of the forehead with your right hand
3. ***(aiṃ, klīṃ, sauḥ) sauḥ- śikhāyai vaṣaṭ*** | Touch the crown of the head with the right hand.
4. ***(aiṃ, klīṃ, sauḥ) aiṃ - kavacāya huṃ*** | Cross both hands and touch the shoulders.
5. ***(aiṃ, klīṃ, sauḥ) klīṃ- netratrayāya vauṣaṭ*** | Touch both eyes and the third eye with the index, ring and middle finger respectively.
6. ***(aiṃ, klīṃ, sauḥ) sauḥ - astrāya phaṭ*** | (Snap your fingers clockwise or top of your head)

Worship of Nitya Devis

Worship and offer oblations to sixteen Nityadevis around the centre point. The names of the Beejakshara and Tithi Nityadevis are given here.

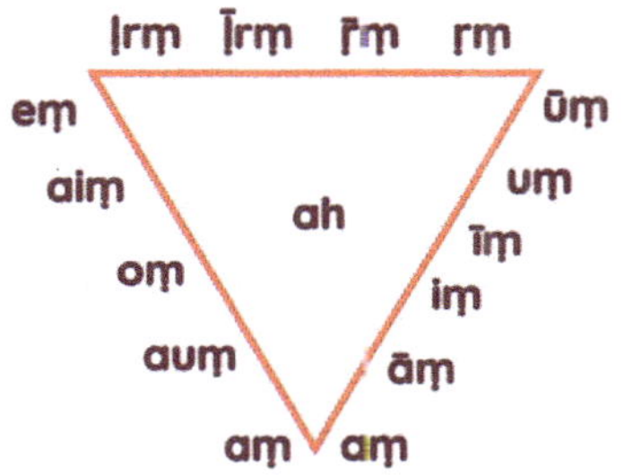

1. ***aṃ- kāmeśvari nityā śrī pādukāṃ pūjayāmi tarpyāmi namaḥ***
2. ***āṃ - bhagamālini śrī pādukāṃ pūjayāmi tarpyāmi namaḥ***
3. ***iṃ - nityaklinnā śrī pādukāṃ pūjayāmi tarpyāmi namaḥ***
4. ***īṃ - bherunḍā śrī pādukāṃ pūjayāmi tarpyāmi namaḥ***
5. ***uṃ - vahnivāsini śrī pādukāṃ pūjayāmi tarpyāmi namaḥ***
6. ***ūṃ - mahāvajreśvarī śrī pādukāṃ pūjayāmi tarpyāmi namaḥ***
7. ***ṛṃ - śivadūtī śrī pādukāṃ pūjayāmi tarpyāmi namaḥ***
8. ***rṃ - tvaritā śrī pādukāṃ pūjayāmi tarpyāmi namaḥ***
9. ***ḷrṃ- kulasundarī śrī pādukāṃ pūjayāmi tarpyāmi namaḥ***
10. ***lrṃ - nityā śrī pādukāṃ pūjayāmi tarpyāminamaḥ***
11. ***Eṃ nīlapatākā śrī pādukāṃ pūjayāmi tarpyāmi namaḥ***
12. ***aiṃ - vijayā śrī pādukāṃ pūjayāmi tarpyāmi namaḥ***
13. ***oṃ - sarvamaṅgalā śrī pādukāṃ pūjayāmi tarpyāmi namaḥ***
14. ***auṃ - jvālāmālinī śrī pādukāṃ pūjayāmi tarpyāmi namaḥ***
15. ***aṃ - citrā śrī pādukāṃ pūjayāmi tarpyāmi namaḥ***
16. ***ah - śrī lalitā mahā nityāśrī pādukāṃ pū- jayāmi tarpyāmi namaḥ***

Sri Chakra Avaran Puja

After invocation, the most crucial aspect of Yantra Puja is the Navavarana Puja. This involves performing a total of twelve Aavaran Pujas for the Shri Yantra. The Aavaran Puja should commence with the recitation of the following mantra. During each Aavaran Puja, the Yantra should be worshipped using Akshat, flowers, incense, a lamp, and fragrance, all while chanting the respective mantra. Additionally, Tarpan should be performed with each mantra.

Guru Mandala Archanam

In the Guru Mandala Archanam, the worship is dedicated to **Divyaugh Guru, Siddhaugh Guru**, **Manavaugh Guru**, and Guru Chatushtaya, positioned near the central point and within the concentric triangle. The Guru Mandala is divided into three groups, known as "aughs." These Gurus have disseminated the Brahmavidya Sampradaya.

- The Gurus who received direct initiation from Paramshiva are worshipped on the three sides of the innermost triangle. **Mahakameshwara (Paramshiva)** initiated **Mahakameshwari** during the Sat Yuga, the first of the four Yu**gas. In the Sri Vidya Tradition, Mahakameshwara, who initiated Mahakameshwari, is known as Charyanandananatha**, which signifies the practice or sadhana. Charyanandananatha is also referred to by other names such as **Vidyanandananatha** and **Paramshivanandananatha**. Following the initiation of **Mahakameshwari** in the Sat Yuga, **Mahakameshwar** initiated **Uddishanandanatha** in the Treta Yuga, **Sashtishanandanatha** in the Dvapara Yuga, and **Mitreshanandanatha** in the present Yuga.

- Thus, Mahakameshwar is worshipped in the Bindu, and the three Gurus directly initiated by Paramshiva are worshipped along with three other Gurus in the three arms of the innermost triangle.
  aiṃ Hreem śrīṃ aiṃ kalīṃ sauḥ paraughebhyo namaḥ

1. Offer a flower (white) to the Guru Mandala, visualizing it with two inner triangles and a dot. Perform worship and offer libations to the dot using the Guru Paduka mantra provided below.
   (aiṃ Hreem śrīṃ) (aiṃ klīṃ sauḥ) aiṃ glauṃ hskhphreṃ hasakṣamalavarayūṃ hsauḥ sahakṣamalavarayīṃ sauḥ śrīvidyānandanāth ātmaka caryānandanātha śrī mahāpādukāṃ pūjayāmi tarpayāmi namaḥ

2. On the left side of the triangle marked with the **Line 1** (on the practitioner's left side), the following gurus are worshipped.

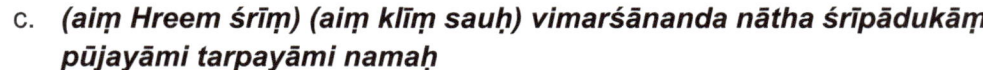

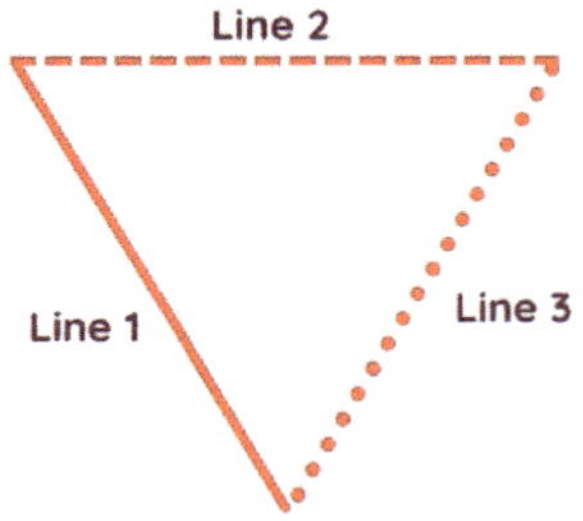

   a. ***(aiṃ Hreem śrīṃ) (aiṃ klīṃ sauḥ) uḍḍīśānanda nātha śrīpādukāṃ pūjayāmi tarpayāmi namaḥ***
   b. ***(aiṃ Hreem śrīṃ) (aiṃ klīṃ sauḥ) prakāśānanda nātha śrīpādukāṃ pūjayāmi tarpayāmi namaḥ***
   c. ***(aiṃ Hreem śrīṃ) (aiṃ klīṃ sauḥ) vimarśānanda nātha śrīpādukāṃ pūjayāmi tarpayāmi namaḥ***
   d. ***(aiṃ Hreem śrīṃ) (aiṃ klīṃ sauḥ) ānandananda nātha śrīpādukāṃ pūjayāmi tarpayāmi namaḥ***

3. The following Gurus are worshiped on the Line 2 of the triangle marked with the rectangles.
    a. ***(aiṃ Hreem śrīṃ) (aiṃ klīṃ sauḥ) ṣaṣṭīśānandanātha śrīpādukāṃ pūjayāmi tarpayāmi namaḥ***
    b. ***(aiṃ Hreem śrīṃ) (aiṃ klīṃ sauḥ) jñānānandanātha śrīpādukāṃ pūjayāmi tarpayāmi namaḥ***
    c. ***(aiṃ Hreem śrīṃ) (aiṃ klīṃ sauḥ) satyānandanātha śrīpādukāṃ pūjayāmi tarpayāmi namaḥ***
    d. ***(aiṃ Hreem śrīṃ) (aṃ klīṃ sauḥ) pūrṇānandanātha śrīpādukāṃ pūjayāmi tarpayāmi namaḥ***

4. The following Gurus are worshiped on the right side of the triangle marked by the Line 3 (to the right of the practitioner).
    a. ***(aiṃ Hreem śrīṃ) (aiṃ klīṃ sauḥ) mitreśānandanātha śrīpādukāṃ pūjayāmi tarpayāmi namaḥ***
    b. ***(aiṃ Hreem śrīṃ) (aiṃ klīṃ sauḥ) svabhāvānandanātha śrīpādukāṃ pūjayāmi tarpayāmi namaḥ***
    c. ***(aiṃ Hreem śrīṃ) (aiṃ klīṃ sauḥ) pratībhānandanātha śrīpādukāṃ pūjayāmi tarpayāmi namaḥ***
    d. ***(aiṃ Hreem śrīṃ) (aiṃ klīṃ sauḥ) subhagānandanātha śrīpādukāṃ pūjayāmi tarpayāmi namaḥ***

5. In the given diagram, we will find three rows labeled 1, 2, and 3.
    1. **Line 1** – Our **Parameshthi Guru** is worshiped along with five other divine Gurus.
    2. **Line 2** – **Siddha Gurus** are worshiped.
    3. **Line 3** – **Human Gurus** are worshiped.

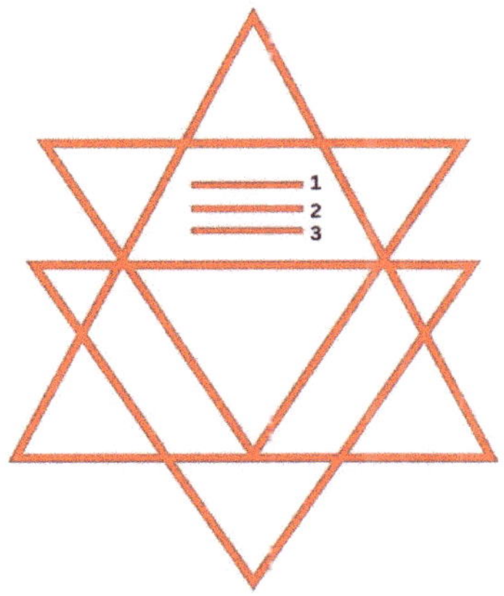

Divyaugh Guru

Line -1 Start offering flowers with *Divyaugh Gurubhyo Namah* Mantra and chant the following mantra.

1. ***(aiṃ Hreem śrīṃ) (aiṃ klīṃ sauḥ) prakāśānandanāthāya śrī pādukām pūjayāmi tarpayāmi namaḥ|***
2. ***(aiṃ Hreem śrīṃ) (aiṃ klīṃ sauḥ) paraśivānaṃdanāthāya śrī pādukām pūjayāmi tarpayāmi namaḥ|***
3. ***(aiṃ Hreem śrīṃ) (aiṃ klīṃ sauḥ) parāśakti ambā śrī pādukām pūjayāmi tarpayāmi namaḥ***
4. ***(aiṃ Hreem śrīṃ) (aiṃ klīṃ sauḥ) kauleśvara ānanda nātha śrī pādukām pūjayāmi tarpayāmi namaḥ|***
5. ***(aiṃ Hreem śrīṃ) (aiṃ klīṃ sauḥ) śukladevī ambā śrī pādukām pūjayāmi tarpayāmi namaḥ|***

6. ***(aiṃ Hreem śrīṃ) (aiṃ klīṃ sauḥ) kuleśvara ānanda nātha śrī pādukām pūjayāmi tarpayāmi namaḥ|***
7. ***(aiṃ Hreem śrīṃ) (aiṃ klīṃ sauḥ) kāmeśvarī ambā śrī pādukām pūjayāmi tarpayāmi namaḥ***

Siddhaugh Guru

Line 2: Offer flowers again and start with the mantra ***Om Siddhaugh Gurubhyo Namah*** while chanting the following mantra.

1. ***(aiṃ Hreem śrīṃ) (aiṃ klīṃ sauḥ) bhogānanda nātha śrī pādukām pūjayāmi tarpayāmi namaḥ|***
2. ***(aiṃ Hreem śrīṃ) (aiṃ klīṃ sauḥ) klīnnananda nātha śrī pādukām pūjayāmi tarpayāmi namaḥ|***
3. ***(aiṃ Hreem śrīṃ) (aiṃ klīṃ sauḥ) samayānanda nātha śrī pādukām pūjayāmi tarpayāmi namaḥ|***
4. ***(aiṃ Hreem śrīṃ) (aiṃ klīṃ sauḥ) sahajānanda nātha śrī pādukām pūjayāmi tar payāmi namaḥ|***

Manavaugh Guru

Line 3: Now again offer flowers and chant the following mantra starting with Mantra ***Om Manavaugh Gurubhyo Namah***

1. ***(aiṃ Hreem śrīṃ) (aiṃ klīṃ sauḥ) gaganānanda nāthāya śrī pādukām pūjayāmi tarpayāmi namaḥ|***
2. ***(aiṃ Hreem śrīṃ) (aiṃ klīṃ sauḥ) viśvānanda nāthāya śrī pādukām pūjayāmi tarpayāmi namaḥ|***
3. ***(aiṃ Hreem śrīṃ) (aiṃ klīṃ sauḥ) vimalānanda nāthāya sa śaktim śrī pādukām pūjayāmi tarpayāmi namaḥ|***
4. ***(aiṃ Hreem śrīṃ) (aiṃ klīṃ sauḥ) madanānanda nāthāya śrī pādukām pūjayāmi tarpayāmi namaḥ|***
5. ***(aiṃ Hreem śrīṃ) (aiṃ klīṃ sauḥ) bhuvanānanda nāthaya śrī pādukām pūjayāmi tarpayāmi namaḥ|***
6. ***(aiṃ Hreem śrīṃ) (aiṃ klīṃ sauḥ) līlāmbā śrī pādukām pūjayāmi tarpayāmi namaḥ|***
7. ***(aiṃ Hreem śrīṃ) (aiṃ klīṃ sauḥ) śrī svātmānanda nātha śrī pādukām pūjayāmi tarpayāmi namaḥ|***
8. ***(aiṃ Hreem śrīṃ) (aiṃ klīṃ sauḥ) śrī priyānanda nātha śrī pādukām pūjayāmi tar-payāmi namaḥ|***

Swagurukram

Now offer oblations to the four traditional Gurus with their names.

1. ***śrī lalitā śaraṇa smitāmbā-*** *svagurunātha saśaktyaṃ śrī pādukām pūjayāmi tarpayāmi namaḥ*
2. ***śrī divya cetanānanda****- paramagurunātha saśaktyaṃ śrī pādukām pūjayāmi tarpayāmi namaḥ*
3. ***śrī bhūtanāthāya, śrī nikhileśvarānanda*** *- parātparagurunātha saśaktyaṃ śrī pādukām pūjayāmi tarpayāmi namaḥ*

4. ***śrī trijaṭā, śrī saccidānanda***- *parameṣṭhī gurunātha saśaktyaṃ śrī pādukām pū jayāmi tarpayāmi namaḥ*
5. ***Sadāśivasamārambhāṃ*** *śankarācārya madhyamāṃ| asmada ācārya paryantaṃ vande guru paraṃparāṃ*

ābhīṣṭa siddhiṃ me dehi śaraṇāgata vatsale
bhaktyā samarpaye tubhyaṃ guru panktim āvaraṇārcanam

Nav Avarana (Nine enclosures) puja

After worshipping the gurus, we will worship the deities of the nine enclosures of the Shri Yantra. Let us chant the following verse to seek permission from the goddess.

sanvinmaye pare devi parāmṛta rucipriye|
anujñāṃ tripure dehi parivārārcanāya me||

S.no	Chakra	Beej	Diagram	Yogini	Chakreshwari	Mudra
1	Trailokya Mohan Chakra	aṃ āṃ sauḥ	Square with 3 lines	Prakat	**Tripure**	Sarvasnakshobhini (DRAM)
2	Sarva Asha Paripurak	aiṃ klīṃ sauḥ	16 petal lotus	Gupta	**Tripureshi**	Sarvavidravini (DRIM)
3	Sarva Sankshobana	hrīṃ klīṃ sauḥ	8 petal lotus	Guptatara	**Tripurasundari**	Sarvavakarshini (BLUM)
4	Sarva Saubhagya dayak	haiṃ haklīṃ hasauḥ	13 triangles	Sampradaya	**Tripuravasini**	Sarvavasankari (BLUM)
5	Sarva Arth Sadhak	hsaiṃ hasklīṃ hssauḥ	10 outer triangles	Kulotirna	**Tripurashree**	Sarvonmandini (SAH)
6	Sarva Raksha Kara	hrīṃ klīṃ bleṃ	10 inner triangles	Nigarbha	**Tripuramalini**	Sarvamahankushe (KROM)
7	Sarva Roga Hara	hrīṃ klīṃ hsauḥ	8 triangles	Rahasya	**Tripurasiddhi**	Sarvakhechari (HASAK PHREM)
8	Sarva Siddhi prad	hasraiṃ hasklrīṃ hasrauḥ	1 triangle	Atirahasya	**Tripuramba**	Sarva Bija (HASUH)
9	Sarva Ananda Maya	Panch dashi	1 Bindu	Parapara Rahasya	**Maha Tripurasundari**	Yoni (AIM) And Trikhanda (HASRAIM HASKLRIM HASRAUH)

First Avarana - Trailokya Mohana Chakra

Shri Chakra First Avaran Deity Name

- **Name** - Trailokya Mohan Chakra
- **Yogini** - 28 Prakatayogini
- **Diagram** - Three Square and three circle
- **Mudra** - Sarvasankshobhini
- **Mantra of Mudra** - Draam
- **Chakreshwari** - Tripura
- **Beejakshara** - aṃ āṃ sauḥ

Offer flowers to the first avaran Sri Chakra while chanting the following mantra. There is no tarpana here.

aṃ āṃ sauḥ trailokya mohana cakrāya namaḥ

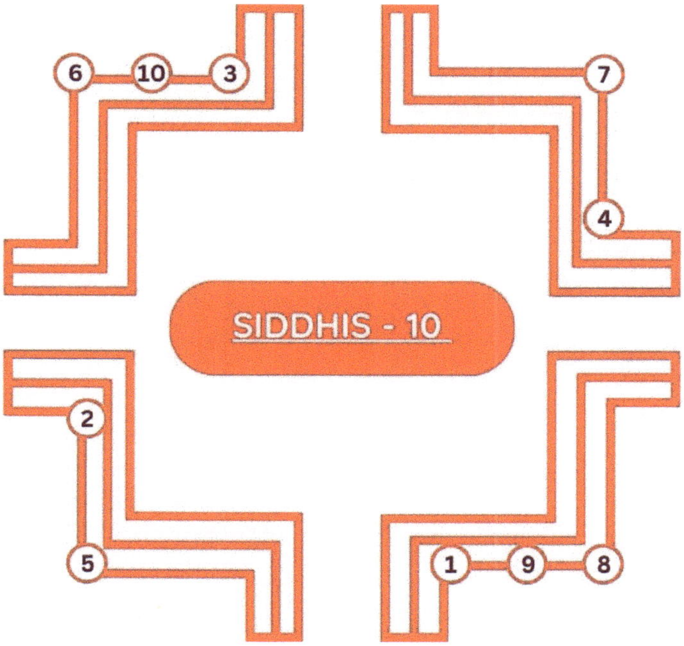

In the context of the Sri Yantra worship, wherever the phrase **"Sripadukam Pujayami Tarpayami Namah"** is mentioned, it indicates that both **Puja (offering flowers)** and **Tarpan (offering water)** should be performed. The Yoginis positioned in the outermost square represent the 10 Siddhis. Their positions are numbered from 1 to 10.

1. ***(aiṃ Hreem śrīṃ) (aiṃ klīṃ sauḥ) aṃ āṃ sauḥ aṃ animā siddhī śrī padukāṃ pūjayāmī tarpayāmī namaḥ.***
2. ***(aiṃ Hreem śrīṃ) (aiṃ klīṃ sauḥ) aṃ āṃ sauḥ laṃ laghimā siddhī śrī padukāṃ pūjayāmī tarpayāmī namaḥ***
3. ***(aiṃ Hreem śrīṃ) (aiṃ klīṃ sauḥ) aṃ aṃ sauḥ mam mahimā siddhī śrī padukāṃ pūjayāmī tarpayāmī namaḥ***
4. ***(aiṃ Hreem śrīṃ) (aiṃ klīṃ sauḥ) aṃ āṃ sauḥ iṃ iśitva siddhī śrī padukāṃ pūjayāmī tarpayāmi namaḥ***
5. ***(aiṃ Hreem śrīṃ) (aiṃ klīṃ sauḥ) aṃ āṃ sauḥ vaṃ vāśitva siddhī śrī padukāṃ pūjayāmī tarpayāmī namah***
6. ***(aiṃ Hreem śrīṃ) (aiṃ klīṃ sauḥ) aṃ āṃ sauḥ paṃ prakāmya siddhī śrī padukāṃ pūjayāmī tarpayāmi namaḥ***
7. ***(aiṃ Hreem śrīṃ) (aiṃ klīṃ sauḥ) aṃ āṃ sauḥ bhum bhukti siddhī śrī padukāṃ pūjayāmī tarpayāmi namaḥ***
8. ***(aiṃ Hreem śrīṃ) (aṃ klīṃ sauḥ) aṃ āṃ sauḥ iṃ iccā siddhī śrī padukāṃ pūjayāmī tarpayāmi namaḥ***
9. ***(aiṃ Hreem śrīṃ) (aṃ klīṃ sauḥ) aṃ āṃ sauḥ paṃ prapti siddhī śrī padukāṃ pūjayāmī tarpayāmi namaḥ***
10. ***(aiṃ Hreem śrīṃ) (aṃ klīṃ sauḥ) aṃ aṃ sauḥ saṃ sarvakāma siddhī śrī padukāṃ pūjayāmī tarpayāmi namaḥ***

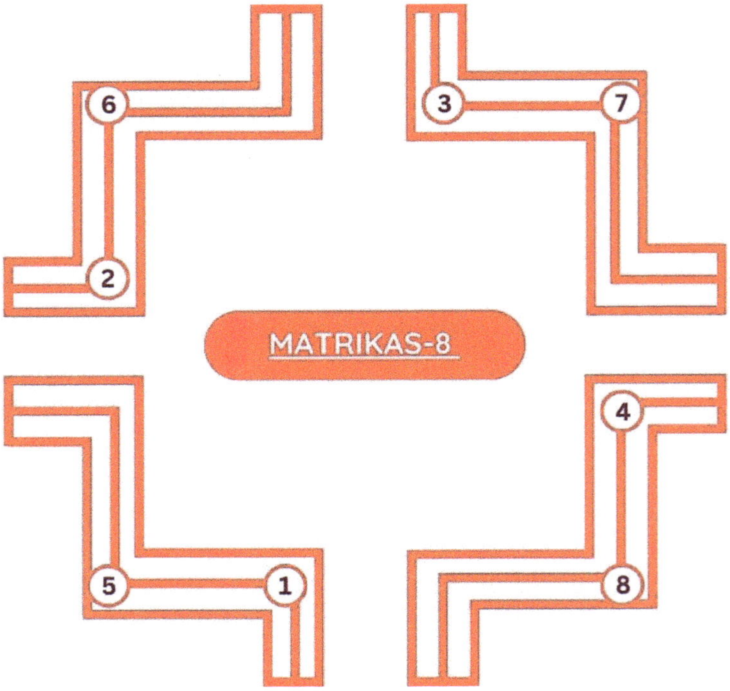

The second square, also known as the middle enclosure, and the **Matrika Deities** are positioned numbered from 1 to 8.

1. ***(aiṃ Hreem śrīṃ) (aiṃ klīṃ sauḥ) aṃ āṃ sauḥ āṃ brāhmī mātṛ śrī pādukāṃ pūjayāmi tarpayāmi namaḥ||***
2. ***(aiṃ Hreem śrīṃ) (aiṃ klīṃ sauḥ) aṃ āṃ sauḥ īṃ māheśvari mātṛ śrī pādukāṃ pūjayāmi tarpayāmi namaḥ||***
3. ***(aiṃ Hreem śrīṃ) (aiṃ klīṃ sauḥ) aṃ āṃ sauḥ ūṃ kaumārī mātṛ śrī pādukāṃ pūjayāmi tarpayāmi namaḥ||***
4. ***(aiṃ Hreem śrīṃ) (aiṃ klīṃ sauḥ) aṃ āṃ sauḥ ṛṃ vaiṣṇavī mātṛ śrī pādukāṃ pūjayāmi tarpayāmi namaḥ||***
5. ***(aiṃ Hreem śrīṃ) (aiṃ klīṃ sauḥ) aṃ āṃ sauḥ lṛṃ vārāhī mātṛ śrī pādukāṃ pūjayāmi tarpayāmi namaḥ||***
6. ***(aiṃ Hreem śrīṃ) (aiṃ klīṃ sauḥ) aṃ āṃ sauḥ aiṃ māhendri mātṛ śrī pādukāṃ pūjayāmi tarpayāmi namaḥ||***
7. ***(aiṃ Hreem śrīṃ) (aiṃ klīṃ sauḥ) aṃ āṃ sauḥ auṃ cāmuṇḍā mātṛ śrī pādukāṃ pūjayāmi tarpayāmi namaḥ||***
8. ***(aiṃ Hreem śrīṃ) (aiṃ klīṃ sauḥ) aṃ āṃ sauḥ aḥ mahālakṣmī mātṛ śrī pādukāṃ pūjayāmi tarpayāmi namaḥ||***

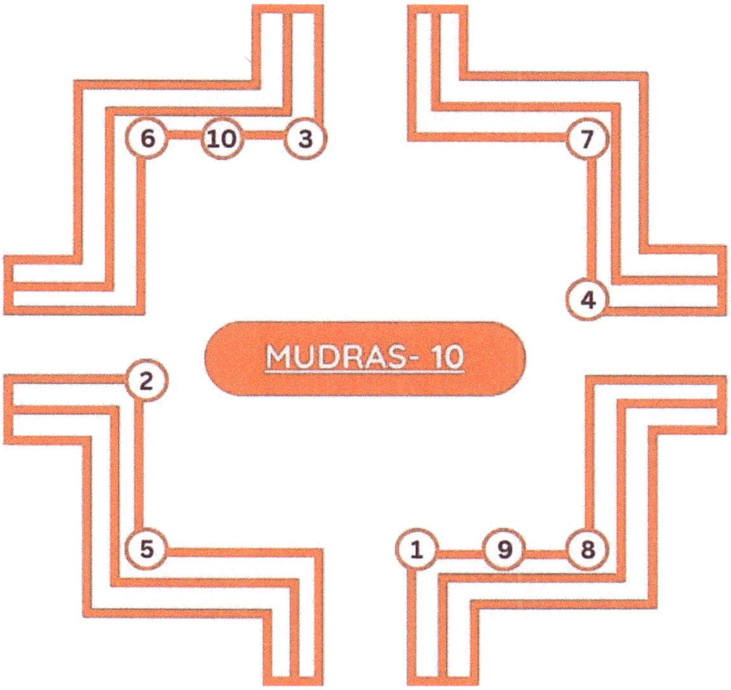

The third square, also known as the innermost enclosure, consists of **Mudra Deities** positioned numbered from 1 to 10.

1. ***(aiṃ Hreem śrīṃ) (aiṃ klīṃ sauḥ) aṃ āṃ sauḥ drāṃ sarvasaṅkṣobhiṇī mudrā śakti śrī pādukāṃ pūjayāmi tarpayāmi namaḥ***
2. ***(aiṃ Hreem śrīṃ) (aiṃ klīṃ sauḥ) aṃ āṃ sauḥ drīṃ sarvavidrāviṇī mudrā śakti śrī pādukāṃ pūjayāmi tarpayāmi namaḥ***
3. ***(aiṃ Hreem śrīṃ) (aiṃ klīṃ sauḥ) aṃ āṃ sauḥ klīṃ sarvākarṣiṇī mudrā śakti śrī pādukāṃ pūjayāmi tarpayāmi namaḥ***
4. ***(aiṃ Hreem śrīṃ) (aiṃ klīṃ sauḥ) aṃ āṃ sauḥ blūṃ sarvavaśaṅkarī mudrā śakti śrī pādukāṃ pūjayāmi tarpayāmi namaḥ***
5. ***(aiṃ Hreem śrīṃ) (aiṃ klīṃ sauḥ) aṃ āṃ sauḥ saḥ sarvonmādinī mudrā śakti śrī pādukāṃ pūjayāmi tarpayāmi namaḥ***
6. ***(aiṃ Hreem śrīṃ) (aiṃ klīṃ sauḥ) aṃ āṃ sauḥ kroṃ sarvamāhāṅkuśā mudrā śakti śrī pādukāṃ pūjayāmi tarpayāmi namaḥ***
7. ***(aiṃ Hreem śrīṃ) (aiṃ klīṃ sauḥ) aṃ āṃ sauḥ hskhphreṃ sarvakhecarī mudrā śakti śrī pādukāṃ pūjayāmi tarpayāmi namaḥ***
8. ***(aiṃ Hreem śrīṃ) (aiṃ klīṃ sauḥ) aṃ āṃ sauḥ hsauḥ sarvabīja mudrā śakti śrī pādukāṃ pūjayāmi tarpayāmi namaḥ***
9. ***(aiṃ Hreem śrīṃ) (aiṃ klīṃ sauḥ) aṃ āṃ sauḥ aiṃ sarvayoni mudrā śakti śrī pādukāṃ pūjayāmi tarpayāmi namaḥ***
10. ***(aiṃ Hreem śrīṃ) (aiṃ klīṃ sauḥ) aṃ āṃ sauḥ hsraiṃ hsklrīṃ hsrauḥ sarvatrikhaṇḍā mudrā śakti śrī pādukāṃ pūjayāmi tarpayāmi namaḥ***

Samashti Puja. Conclude the worship of this avarana by offering flowers to Sri Chakra. There is no tarpana here.

(aṃ Hreem śrīm) (aṃ klīm sauḥ) etaḥ pratiyoginyaha trailokyamohane
cakre sa-mudrāha sa-siddhyaḥ sā-yudhāha sa-śaktyaḥ
sa-vāhanāha sa-pirāvarāḥ sarvopacārṛha sampūjitāha
saṃtarapitāḥ santushtāḥ santu namaḥ

Translation: *"I invoke the divine energies with the bīja mantras aiṃ Hreem śrīm and aiṃ klīm sauḥ, honoring the counterparts in the Trailokya mohana chakra, adorned with mudras, powers, weapons, energies, vehicles, and attendants, fully worshipped and satisfied, may they be pleased."*

1. ***(aiṃ Hreem śrīṃ) (aiṃ klīṃ sauḥ) aṃ āṃ sauḥ tripurācakreśvarī śrī pādukāṃ pūjayāmi tarpayāmi namaḥ***
2. ***(aiṃ Hreem śrīṃ) (aiṃ klīṃ sauḥ) aṃ aṇimāsiddhi śrī pādukāṃ pūjayāmi tarpayāmi namaḥ***
3. ***(aiṃ Hreem śrīṃ) (aiṃ klīṃ sauḥ) drāṃ sarvasaṃkṣobhiṇī mudrā śakti śrī pādukāṃ pūjayāmi tarpayāmi namaḥ***

Now recite **Draam** and show Sarva **Sankshobhini Mudra**. Recite this mantra three times and now offer lamp, incense, bhog and nirajan.

(aiṃ Hreem śrīṃ) (aiṃ klīṃ sauḥ) mūlaṃ (pancadaśī or ṣoḍaśī) śrīlalitā mahātripu-
rasundarī parābhaṭṭārikā śrī pādukāṃ
pūjayāmi tarpayāmi namaḥ|

ābhīṣṭasiddhiṃ me dehi śaraṇāgata vatsale|
bhaktyā samarpaye tubhyaṃ pratham āvaraṇm arcanam||

Take some Samanya Arghya water and offer the worship of the the first avaran in the left hand of Lalita.

(aiṃ Hreem śrīṃ) (aiṃ klīṃ sauḥ) prakaṭayoginī mayūkhāyai
Pratham āvaraṇa devatā sahitāyai śrī lalitā mahā tripursundarī parābhaṭṭarikāyai namaḥ

Show Yoni Mudra and bow down, offer Karpoor Vitika.

[**Preparation of Karpoor Vitika**: Saffron, cardamom, cloves, edible camphor, nutmeg and mace are ground into fine powder and mixed with powdered sugar.]

Thus ends the worship of the first avarana.

Second Avarana - Sarva Ashaparipurak Chakra

Sri Chakra Second Avarana Devta

1. **Name** - Sarva Ashaparipurak Chakra
2. **Yogini** - 16 Gupta Yogini
3. **Diagram** - 16 Petaled Lotus
4. **Mudra** - Sarvavidravini
5. **Mantra of Mudra** - Dreem
6. **Chakreshwari** - Tripureshi
7. **Beejakshara** - aiṃ klīṃ sauḥ

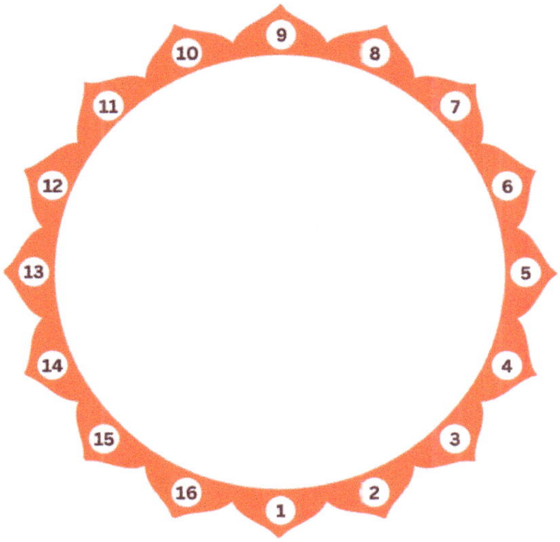

Offer flowers to the second avarana of the Sri Chakra while chanting the following mantra. **There is no tarpana here.**

aiṃ klīṃ sauḥ sarvāśāparipūraka cakrāya namaḥ||

Pujan and Tarpan should be done in a counterclockwise manner as given in the figure in the 16 petaled lotus. The yoginis are positioned from 1 to 16.

1. ***(aiṃ Hreem śrīṃ) (aiṃ klīṃ sauḥ) aiṃ klīṃ sauḥ aṃ kāmākarṣiṇī nitya kalā devī śrī pādukāṃ pūjayāmi tarpayāmi namaḥ***
2. ***(aiṃ Hreem śrīṃ) (aiṃ klīṃ sauḥ) aiṃ klīṃ sauḥ āṃ buddhyakarṣiṇī nitya kalā devī śrī pādukāṃ pūjayāmi tarpayāmi namaḥ***
3. ***(aiṃ Hreem śrīṃ) (aiṃ klīṃ sauḥ) aiṃ klīṃ sauḥ iṃ ahaṃkārākarṣiṇī nitya kalā devī śrī pādukāṃ pūjayāmi tarpayāmi namaḥ***
4. ***(aiṃ Hreem śrīṃ) (aiṃ klīṃ sauḥ) aiṃ klīṃ sauḥ īṃ śabdākarṣiṇī nitya kalā devī śrī pādukāṃ pūjayāmi tarpayāmi namaḥ***
5. ***(aiṃ Hreem śrīṃ) (aiṃ klīṃ sauḥ) aiṃ klīṃ sauḥ uṃ sparśākarṣiṇī nitya kalā devī śrī pādukāṃ pūjayāmi tarpayāmi namaḥ***

6. ***(aiṃ Hreem śrīṃ) (aiṃ klīṃ sauḥ) aiṃ klīṃ sauḥ ūṃ rūpākarṣiṇī nitya kalā devī śrī pādukāṃ pūjayāmi tarpayāmi namaḥ***
7. ***(aiṃ Hreem śrīṃ) (aiṃ klīṃ sauḥ) aiṃ klīṃ sauḥ ṛṃ rasākarṣiṇī nitya kalā devī śrī pādukāṃ pūjayāmi tarpayāmi namaḥ***
8. ***(aiṃ Hreem śrīṃ) (aiṃ klīṃ sauḥ) aiṃ klīṃ sauḥ rṃ gandhākarṣiṇī nitya kalā devī śrī pādukāṃ pūjayāmi tarpayāmi namaḥ***
9. ***(aiṃ Hreem śrīṃ) (aiṃ klīṃ sauḥ) aiṃ klīṃ sauḥ ḷrṃ cittākarṣiṇī nitya kalā devī śrī pādukāṃ pūjayāmi tarpayāmi namaḥ***
10. ***(aiṃ Hreem śrīṃ) (aiṃ klīṃ sauḥ) aiṃ klīṃ sauḥ lrṃ dhairyākarṣiṇī nitya kalādevī śrī pādukāṃ pūjayāmi tarpayāmi namaḥ***
11. ***(aiṃ Hreem śrīṃ) (aiṃ klīṃ sauḥ) aiṃ klīṃ sauḥ eṃ smṛtyākarṣiṇī nitya kalā devī śrī pādukāṃ pūjayāmi tarpayāmi namaḥ***
12. ***(aiṃ Hreem śrīṃ) (aiṃ klīṃ sauḥ) aiṃ klīṃ sauḥ aiṃ nāmākarṣiṇī nitya kalā devī śrī pādukāṃ pūjayāmi tarpayāmi namaḥ***
13. ***(aiṃ Hreem śrīṃ) (aiṃ klīṃ sauḥ) aiṃ klīṃ sauḥ oṃ bījākarṣiṇī nitya kalā devī śrī pādukāṃ pūjayāmi tarpayāmi namaḥ***
14. ***(aiṃ Hreem śrīṃ) (aiṃ klīṃ sauḥ) aiṃ klīṃ sauḥ auṃ ātmākarṣiṇī nitya kalā devī śrī pādukāṃ pūjayāmi tarpayāmi namaḥ***
15. ***(aiṃ Hreem śrīṃ) (aiṃ klīṃ sauḥ) aiṃ klīṃ sauḥ aṃ amṛtākarṣiṇī nitya kalā devī śrī pādukāṃ pūjayāmi tarpayāmi namaḥ***
16. ***(aiṃ Hreem śrīṃ) (aiṃ klīṃ sauḥ) aiṃ klīṃ sauḥ aḥ śarīrākarṣiṇī nitya kalā devī śrī pādukāṃ pūjayāmi tarpayāmi namaḥ***

Samashti Puja. Conclude the worship of this avarana by offering flowers to Sri Chakra. There is no tarpana here.

(aiṃ Hreem śrīṃ) (aiṃ klīṃ sauḥ) etāḥ guptayoginyaḥ sarvāśāparipūrake cakre samudrāḥ sa-siddhayaḥ sāyudhāḥ saśaktayaḥ sa-vāhanāḥ sa-parivārāḥ sarvopacāraiḥ saṃpūjitāḥ santarpitāḥ santuṣṭāḥ santu namaḥ

***Translation**: "I invoke the divine energies with the bīja mantras aiṃ Hreem śrīm and aiṃ klīm sauḥ, honoring the counterparts in the Sarva Ashaparipurak chakra, adorned with mudras, powers, weapons, energies, vehicles, and attendants, fully worshipped and satisfied, may they be pleased."*

1. ***(aiṃ Hreem śrīṃ) (aiṃ klīṃ sauḥ) aiṃ klīṃ sauḥ tripureśīcakreśvarī śrī pādukāṃ pūjayāmi tarpayāmi namaḥ***
2. ***(aiṃ Hreem śrīṃ) (aiṃ klīṃ sauḥ) laṃ laghimāsiddhi śrī pādukāṃ pūjayāmi tarpayāmi namaḥ***
3. ***(aiṃ Hreem śrīṃ) (aiṃ klīṃ sauḥ) drīṃ sarvavidrāviṇī mudrāśakti śrī pādukāṃ pūjayāmi tarpayāmi namaḥ***

Now recite **Dreem** and show **Sarvavidravini Mudra**. Recite this mantra three times and now offer lamp, incense, bhoga and nirajan.

(aiṃ Hreem śrīṃ) (aiṃ klīṃ sauḥ) mūlaṃ (pancadasī aur ṣoḍaśī) śrīlalitā mahātripu-rasundarī parābhaṭṭārikā śrī pādukāṃ pūjayāmi tarpayāmi namaḥ

ābhīṣṭasiddhiṃ me dehi śaraṇāgata vatsale|
bhaktyā samarpaye tubhyaṃ dvitīya āvaraṇa arcanam||

Take some Samanya Arghya water and offer the worship of the the second avarana in the left hand of Lalita.

(aiṃ Hreem śrīṃ) (aiṃ klīṃ sauḥ) guptayoginī mayūkhāyai
Dvitīya āvaraṇa devatā sahitāyai śrī lalitā mahā tripurasundarī parabhaṭṭarikāyai namaḥ

Show Yoni mudras, bow down and offer Karpoorvittika.

Thus ends the worship of the second avarana.

Third avarana – Sarva Sankshobhana Chakra

Sri Chakra Third Avaran Devta

1. **Name** – Sarva Sankshobhana chakra
2. **Yogini** – 8 Guptatara Yogini
3. **Diagram** – 8 Petaled Lotus
4. **Mudra** – Sarvakarshini
5. **Mantra of Mudra** - Kleem
6. **Chakreshwari** – Tripurasundari
7. **Beejakshara** – Hreem Kleem Sauh

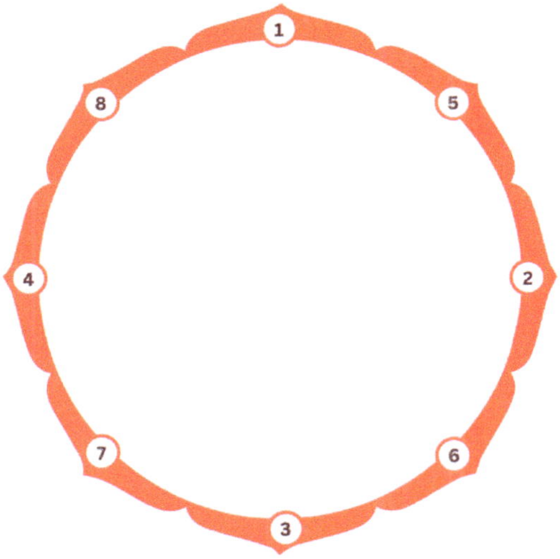

Offer flowers to the eight-petaled lotus of the Sri Chakra while chanting the following mantra. **There is no tarpan here.**

Hreem klīṃ sauḥ sarvasaṃkṣobhaṇa cakrāya namaḥ

Pujan and Tarpan should be offered for the Yoginis on the eight-petaled lotus in the order of numbers mentioned in the figure.

1. ***(aiṃ Hreem śrīṃ) (aiṃ klīṃ sauḥ) Hreem klīṃ sauḥ kaṃ khaṃ gaṃ ghaṃ ṅaṃ anaṅga kusumā devī śrī pādukāṃ pūjayāmi tarpayāmi namaḥ***
2. ***(aiṃ Hreem śrīṃ) (aiṃ klīṃ sauḥ) Hreem klīṃ sauḥ caṃ chaṃ jaṃ jhaṃ ñaṃ anaṅga mekhalā devī śrī pādukāṃ pūjayāmi tarpayāmi namaḥ***
3. ***(aiṃ Hreem śrīṃ) (aiṃ klīṃ sauḥ) Hreem klīṃ sauḥ ṭaṃ ṭhaṃ ḍaṃ ḍhaṃ ṇaṃ anaṅga madanā devī śrī pādukāṃ pūjayāmi tarpayāmi namaḥ***
4. ***(aiṃ Hreem śrīṃ) (aiṃ klīṃ sauḥ) Hreem klīṃ sauḥ taṃ thaṃ daṃ dhaṃ naṃ anaṅga madanāturā devī śrī pādukāṃ pūjayāmi tarpayāmi namaḥ***
5. ***(aiṃ Hreem śrīṃ) (aiṃ klīṃ sauḥ) Hreem klīṃ sauḥ paṃ phaṃ baṃ bhaṃ maṃ anaṅga rekhā devī śrī pādukāṃ pūjayāmi tarpayāmi namaḥ***
6. ***(aiṃ Hreem śrīṃ) (aiṃ klīṃ sauḥ) Hreem klīṃ sauḥ yaṃ raṃ laṃ vaṃ anaṅga veginī devī śrī pādukāṃ pūjayāmi tarpayāmi namaḥ***
7. ***(aiṃ Hreem śrīṃ) (aiṃ klīṃ sauḥ) Hreem klīṃ sauḥ śaṃ ṣaṃ saṃ haṃ anaṅga aṅkuśā devī śrī pādukāṃ pūjayāmi tarpayāmi namaḥ***
8. ***(aiṃ Hreem śrīṃ) (aiṃ klīṃ sauḥ) Hreem klīṃ sauḥ lṃ kṣaṃ ananga mālinī devī śrī pādukāṃ pūjayāmi tarpayāmi namaḥ***

Samashti Puja. Conclude the worship of this avarana by offering flowers to Sri Chakra. There is no tarpana here.

(aiṃ Hreem śrīṃ) (aiṃ klīṃ sauḥ) etāḥ guptatarayoginyaḥ sarvasaṃkṣobhaṇe cakre sa-mudrāḥ sa-siddhayaḥ sā-yudhāḥ sa-śaktayaḥ sa-vāhanāḥ sa-parivārāḥ sarvopacāraiḥ saṃpūjitāḥ santarpitāḥ santuṣṭāḥ santu namaḥ||

***Translation**: "I invoke the divine energies with the bīja mantras aiṃ Hreem śrīm and aiṃ klīm sauḥ, honoring the counterparts in the Sarva Sankshobhana chakra, adorned with mudras, powers, weapons, energies, vehicles, and attendants, fully worshipped and satisfied, may they be pleased."*

1. ***(aiṃ Hreem śrīṃ) (aiṃ klīṃ sauḥ) Hreem klīṃ sauḥ tripurasundarīcakreśvarī śrī pādukāṃ pūjayāmi tarpayāmi namaḥ***
2. ***(aiṃ Hreem śrīṃ) (aiṃ klīṃ sauḥ) maṃ mahimāsiddhi śrī pādukāṃ pūjayāmi tarpayāmi namaḥ ||***
3. ***(aiṃ Hreem śrīṃ) (aiṃ klīṃ sauḥ) klīṃ sarvākarṣiṇīmudrāśakti śrī pādukāṃ pūjayāmi tarpayāmi namaḥ ||***

Now chant **Kleem** and perform **Sarvakarshini Mudra**. Chant this mantra three times and now offer lamp, incense, bhog and nirajan.

***(aiṃ Hreem śrīṃ) (aiṃ klīṃ sauḥ) mūlaṃ (pancadasī or ṣoḍaśī)
śrīlalitā mahātripurasundarī parābhaṭṭārikā śrī
pādukāṃvpūjayāmi tarpayāmi namaḥ|***

***ābhīṣṭasiddhiṃ me dehi śaraṇāgata vatsale|
bhaktyā samarpaye tubhyaṃ tṛtīyāvaraṇa arcanam||***

Take Samanya Arghya water and offer the worship of the third avaran puja in the left hand of Lalita.

***(aiṃ Hreem śrīṃ) (aiṃ klīṃ sauḥ) guptatarayoginī mayūkhāyai
tṛtīyāvaraṇa devatāsahitāyai śrī lalitā mahā tripursundarī
parābhaṭṭarikāyai namaḥ***

Show the Yoni Mudra and bow down, offer Karpoor Vitika.

Thus ends the worship of the third avarana.

Fourth Avarana - Sarva Saubhagyadayaka Chakra

Sri Chakra Fourth Avaran

- **Name** - Sarva Saubhagya Dayaka Chakra
- **Yogini** - Sampradaya Yogini
- **Diagram** - 14 triangles
- **Mudra** - Sarvavashankari
- **Mantra of Mudra** - Bloom
- **Chakreshwari** - Tripuravasini
- **Beejakshara** - haiṃ hklīṃ hasauḥ

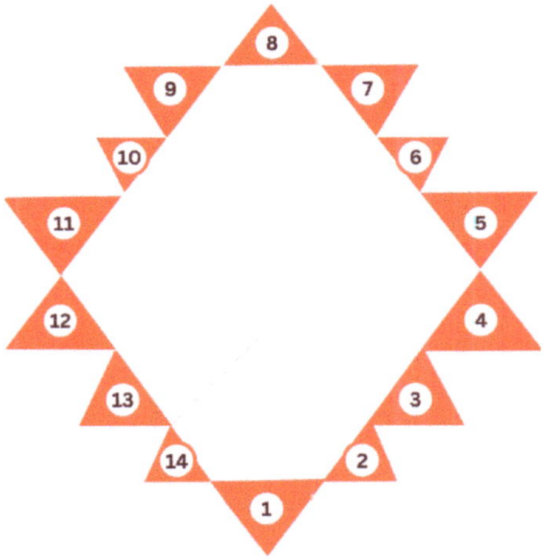

Offer flowers in the Sri Chakra in 14 triangle avaran (Chaturdashara) by chanting the following mantra. There is no tarpan here.

haiṃ hklīṃ hsauḥ sarva saubhāgya dāyaka cakrāya namaḥ

Pujan and Tarpan should be offered to the Yoginis in the order of the numbers from 1 - 14.

1. ***(aiṃ klīṃ sauḥ) (aiṃ Hreem śrīṃ) haiṃ hklīṃ hsauḥ kaṃ sarvasankṣobhiṇī śakti śrī pādukāṃ pūjayāmi tarpayāmi namaḥ***
2. ***(aiṃ klīṃ sauḥ) (aiṃ Hreem śrīṃ) haiṃ hklīṃ hsauḥ khaṃ sarvavidrāviṇī śakti śrī pādukāṃ pūjayāmi tarpayāmi namaḥ***
3. ***(aiṃ klīṃ sauḥ) (aiṃ Hreem śrīṃ) haiṃ hklīṃ hsauḥ gaṃ sarvākarṣiṇī śakti śrī pādukāṃ pūjayāmi tarpayāmi namaḥ***
4. ***(aiṃ klīṃ sauḥ) (aiṃ Hreem śrīṃ) haiṃ hklīṃ hsauḥ ghaṃ sarvāhlādinī śakti śrī pādukāṃ pūjayāmi tarpayāmi namaḥ***
5. ***(aiṃ klīṃ sauḥ) (aiṃ Hreem śrīṃ) haiṃ hklīṃ hsauḥ ṅaṃ sarvasaṃmohinī śakti śrī pādukāṃ pūjayāmi tarpayāmi namaḥ***
6. ***(aiṃ klīṃ sauḥ) (aiṃ Hreem śrīṃ) haiṃ hklīṃ hsauḥ caṃ sarvastaṃbhinī śakti śrī pādukāṃ pūjayāmi tarpayāmi namaḥ***
7. ***(aiṃ klīṃ sauḥ) (aiṃ Hreem śrīṃ) haiṃ hklīṃ hsauḥ chaṃ sarvajṛṃbhiṇī śakti śrī pādukāṃ pūjayāmi tarpayāmi namaḥ***
8. ***(aiṃ klīṃ sauḥ) (aiṃ Hreem śrīṃ) haiṃ hklīṃ hsauḥ jaṃ sarvavaśaṅkarī śakti śrī pādukāṃ pūjayāmi tarpayāmi namaḥ***
9. ***(aiṃ klīṃ sauḥ) (aiṃ Hreem śrīṃ) haiṃ hklīṃ hsauḥ jhaṃ sarvarañjinī śakti śrī pādukāṃ pūjayāmi tarpayāmi namaḥ***
10. ***(aiṃ klīṃ sauḥ) (aiṃ Hreem śrīṃ) haiṃ hklīṃ hsauḥ ñaṃ sarvonmādinī śakti śrī pādukāṃ pūjayāmi tarpayāmi namaḥ***
11. ***(aiṃ klīṃ sauḥ) (aiṃ Hreem śrīṃ) haiṃ hklīṃ hsauḥ ṭaṃ sarvārthasādhinī śakti śrī pādukāṃ pūjayāmi tarpayāmi namaḥ***
12. ***(aiṃ klīṃ sauḥ) (aiṃ Hreem śrīṃ) haiṃ hklīṃ hsauḥ ṭhaṃ sarvasaṃpattipūraṇī śakti śrī pādukāṃ pūjayāmi tarpayāmi namaḥ***
13. ***(aiṃ klīṃ sauḥ) (aiṃ Hreem śrīṃ) haiṃ hklīṃ hsauḥ ḍaṃ sarvamantramayī śakti śrī pādukāṃ pūjayāmi tarpayāmi namaḥ***
14. ***(aiṃ klīṃ sauḥ) (aiṃ Hreem śrīṃ) haiṃ hklīṃ hsauḥ ḍhaṃ sarva dvandva kṣayaṅkarī śakti śrī pādukāṃ pūjayāmi tarpayāmi namaḥ***

Samashti Puja. Conclude the worship of this avarana by offering flowers to Sri Chakra. There is no tarpana here.

(aiṃ klīṃ sauḥ) (aiṃ Hreem śrīṃ) etāḥ saṃpradāyayoginyaḥ sarvasaubhāgyadāyak cakre sa-mudrāḥ s-siddhayaḥ sāyudhāḥ sa-śaktayaḥ sa-vāhanāḥ sa-parivārāḥ sarvopacāraiḥ saṃpūjitāḥ santarpitāḥ santuṣṭāḥ santu namaḥ

***Translation**: "I invoke the divine energies with the bīja mantras aṃ Hreem śrīm and aṃ klīm sauḥ, honoring the counterparts in the Sarvasaubhagyadayak chakra, adorned with mudras, powers, weapons, energies, vehicles, and attendants, fully worshipped and satisfied, may they be pleased."*

.

1. ***(aiṃ klīṃ sauḥ) (aiṃ Hreem śrīṃ) haiṃ hklīṃ hsauḥ tripuravāsini cakreśvarī śrī pādukāṃ pūjayāmi tarpayāmi namaḥ***
2. ***(aiṃ klīṃ sauḥ) (aiṃ Hreem śrīṃ) īṃ īśitvasiddhi śrī pādukāṃ pūjayāmi tarpayāmi namaḥ***
3. ***(aiṃ klīṃ sauḥ) (aiṃ Hreem śrīṃ) blūṃ sarvavaśaṅkarī mudrāśakti śrī pādukāṃ pūjayāmi tarpayāmi namaḥ***

Chant this mantra three times and now offer lamp, incense, food and nirajan.

1. ***(aiṃ Hreem śrīṃ) (aiṃ klīṃ sauḥ) mūlaṃ (pancadasī or ṣoḍaśī) śrīlalitā mahātripurasundarī parābhaṭṭārikā śrī pādukāṃ pūjayāmi tarpayāmi namaḥ***
2. ***(aiṃ Hreem śrīṃ) (aiṃ klīṃ sauḥ) saṃpradāya yoginī mayūkhāyai caturtha āvaraṇa devatā sahitāyai śrīlalitā mahātripursundarī parābhaṭṭarikāyai namaḥ***

ābhīṣṭasiddhiṃ me dehi śaraṇāgata vatsale
bhaktyā samarpaye tubhyaṃ caturtha āvaraṇa arcanam||

Take some Samanya Arghya water and offer the worship of the fourth avarana in Lalita's left hand.

(aiṃ Hreem śrīṃ) (aiṃ klīṃ sauḥ) kulottīrṇayoginī mayūkhāyai caturtha āvaraṇa devatā sahitāyai śrī lalitā mahā tripursundarī parābhaṭṭarikāyai namaḥ

Show the Yoni mudra and bow down, offer Karpoor Vitika.

Thus ends the worship of the fourth avarana.

Fifth avarana - Sarvartha sadhaka Chakra

Sri Chakra Pancham Avarana Devta

- **Name** - Sarvartha Sadhaka Chakra
- **Yogini** - 10 Kulottirna Yogini
- **Diagram** - 10 Outer Triangle
- **Mudra** - Sarvonmadini
- **Mantra of Mudra** - Sah
- **Chakreshwari -** Tripurasri
- **Beejakshara** - hsaiṃ hsklīṃ hssauḥ

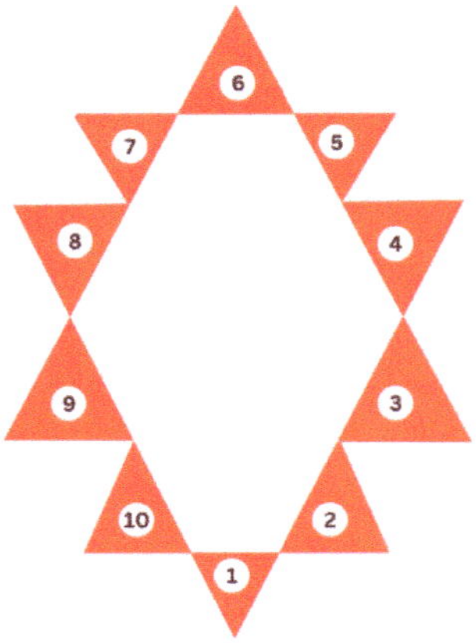

Offer flowers to the **fifth avarana** of Sri Chakra while chanting the following mantra. There is no tarpana here.

hsaiṃ hasklīṃ hssauḥ sarvārthasādhakacakrāya namaḥ

Pujan and Tarpan should be offered to the Yoginis in the order of the numbers positioned from 1 to 10.

1. ***(aiṃ Hreem śrīṃ) (aiṃ klīṃ sauḥ) hsaiṃ hsklīṃ hssauḥ ṇaṃ sarva siddhipradā devī śrī pādukāṃ pūjayāmi tarpayāmi namaḥ***
2. ***(aiṃ Hreem śrīṃ) (aiṃ klīṃ sauḥ) hsaiṃ hsklīṃ hssauḥ taṃ sarva saṃpatpradā devī śrī pādukāṃ pūjayāmi tarpayāmi namaḥ***
3. ***(aiṃ Hreem śrīṃ) (aiṃ klīṃ sauḥ) hsaiṃ hsklīṃ hssauḥ thaṃ sarva priyaṅkarī devī śrī pādukāṃ pūjayāmi tarpayāmi namaḥ***
4. ***(aiṃ Hreem śrīṃ) (aiṃ klīṃ sauḥ) hsaiṃ hsklīṃ hssauḥ daṃ sarva maṅgalakāriṇī devī śrī pādukāṃ pūjayāmi tarpayāmi namaḥ***
5. ***(aiṃ Hreem śrīṃ) (aiṃ klīṃ sauḥ) hsaiṃ hsklīṃ hssauḥ dhaṃ sarva kāmapradā devī śrī pādukāṃ pūjayāmi tarpayāmi namaḥ***
6. ***(aiṃ Hreem śrīṃ) (aiṃ klīṃ sauḥ) hsaiṃ hsklīṃ hssauḥ naṃ sarva duḥkhavimocinī devī śrī pādukāṃ pūjayāmi tarpayāmi namaḥ***
7. ***(aiṃ Hreem śrīṃ) (aiṃ klīṃ sauḥ) hsaiṃ hsklīṃ hssauḥ paṃ sarvamṛtyu praśamanī devī śrī pādukāṃ pūjayāmi tarpayāmi namaḥ***
8. ***(aiṃ Hreem śrīṃ) (aiṃ klīṃ sauḥ) hsaiṃ hsklīṃ hssauḥ phaṃ sarva vighna nivāriṇī devī śrī pādukāṃ pūjayāmi tarpayāmi namaḥ***
9. ***(aiṃ Hreem śrīṃ) (aiṃ klīṃ sauḥ) hsaiṃ hsklīṃ hssauḥ baṃ sarvāṅga sundarī devī śrī pādukāṃ pūjayāmi tarpayāmi namaḥ***
10. ***(aiṃ Hreem śrīṃ) (aiṃ klīṃ sauḥ) hsaiṃ hsklīṃ hssauḥ bhaṃ sarva saubhāgyadāyinī devī śrī pādukāṃ pūjayāmi tarpayāmi namaḥ***

Samashti Puja. Conclude the worship of this avarana by offering flowers to Sri Chakra. There is no tarpana here.

(aiṃ Hreem śrīṃ) (aiṃ klīṃ sauḥ) etāḥ kulottīrṇa yoginyaḥ sarvārtha sādhake cakre sa-mudrāḥ sa-siddhayaḥ sāyudhāḥ sa-śaktayaḥ savāhanāḥ sa-parivārāḥ sarvopacāraiḥ saṃpūjitāḥ santarpitāḥ santuṣṭāḥ santu namaḥ

Translation*: "I invoke the divine energies with the bīja mantras aim Hreem śrīm and aiṃ klīm sauḥ, honoring the counterparts in the Sarvarth sadhak chakra, adorned with mudras, powers, weapons, energies, vehicles, and attendants, fully worshipped and satisfied, may they be pleased."*

1. ***(aiṃ Hreem śrīṃ) (aiṃ klīṃ sauḥ)hsaiṃ hsklīṃ hssauḥ tripurāśrīcakreśvarī śrī pādukāṃ pūjayāmi tarpayāmi namaḥ***
2. ***(aiṃ Hreem śrīṃ) (aiṃ klīṃ sauḥ)vaṃ vaśitva siddhi śrī pādukāṃ pūjayāmi tar-payāmi namaḥ***
3. ***(aiṃ Hreem śrīṃ) (aiṃ klīṃ sauḥ) saḥ sarvonmādini mudrāśakti śrī pādukāṃ pū-jayāmi tarpayāmi namaḥ***

Now recite **Saḥ** and show the **Sarvommadini mudra**. Recite this mantra three times and now offer lamp, incense, Bhoga and Nirajan.

(aiṃ Hreem śrīṃ) (aiṃ klīṃ sauḥ) mūlaṃ (pancadaśī or ṣoḍaśī) śrīlalitā mahātripurasundarī parābhaṭṭārikā śrī pādukāṃ pūjayāmi tarpayāmi namaḥ

ābhīṣṭasiddhiṃ me dehi śaraṇāgata vatsale bhaktyā samarpaye tubhyaṃ pancama āvaraṇa arcanam

Take some water from the Samanya arghya mentally perform the fifth Avaran puja in Lalita's left hand.

(aiṃ Hreem śrīṃ) (aiṃ klīṃ sauḥ) kulottīrṇayoginī mayūkhāyai pancama āvaraṇa devatāsahitāyai śrī lalitā mahā tripursundarī parābhaṭṭarikāyai namaḥ

Show the Yoni Mudra and bow down, offer Karpoor Vitika.

Thus ends the worship of fifth Avarana.

Sixth avaran – Sarva Rakshakara chakra

Sri Chakra Sixth Avaran

- **Name** – Sarva Rakshakara
- **Yogini** – Nigarbha Yogini
- **Diagram** – 10 Triangle
- **Mudra** – Sarva Mahankushe
- **Mantra of Mudra** - Krom
- **Chakreshwari** – Tripuramalini
- **Beejakshara** –Hreem klīṃ bleṃ

Offer flowers to the **Sixth avarana** Sri Chakra while chanting the following mantra. There is no tarpana here.

Hreem klīṃ bleṃ sarva rakṣākara cakrāya namaḥ||

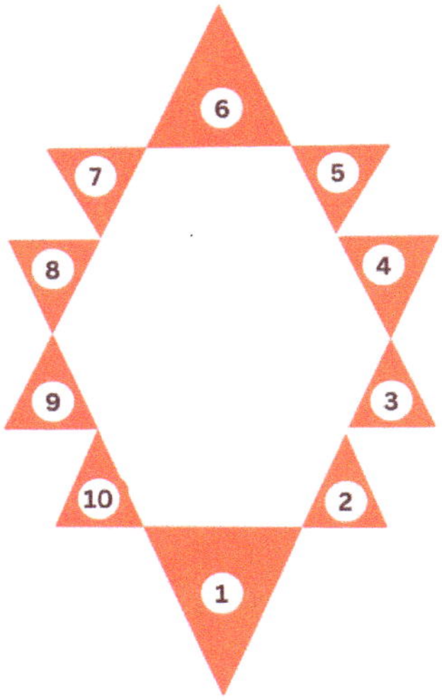

Pujan and Tarpan should be offered to the Yoginis in the order of the numbers from 1 - 10.

1. ***(aiṃ Hreem śrīṃ) (aiṃ klīṃ sauḥ) Hreem klīṃ bleṃ maṃ sarvajñā devī śrī pādukāṃ pūjayāmi tarpayāmi namaḥ***
2. ***(aiṃ Hreem śrīṃ) (aiṃ klīṃ sauḥ) Hreem klīṃ bleṃ yaṃ sarvaśakti devī śrī pādukāṃ pūjayāmi tarpayāmi namaḥ***
3. ***(aiṃ Hreem śrīṃ) (aiṃ klīṃ sauḥ) Hreem klīṃ bleṃ raṃ sarva aiśvarya pradā devī śrī pādukāṃ pūjayāmi tarpayāmi namaḥ***
4. ***(aiṃ Hreem śrīṃ) (aiṃ klīṃ sauḥ) Hreem klīṃ bleṃ laṃ sarva jñānamayī devī śrī pādukāṃ pūjayāmi tarpayāmi namaḥ***
5. ***(aiṃ Hreem śrīṃ) (aiṃ klīṃ sauḥ) Hreem klīṃ bleṃ vaṃ sarva vyādhi vināśinī devī śrī pādukāṃ pūjayāmi tarpayāmi namaḥ***
6. ***(aiṃ Hreem śrīṃ) (aiṃ klīṃ sauḥ) Hreem klīṃ bleṃ śaṃ sarva ādhāra svarūpā devī śrī pādukāṃ pūjayāmi tarpayāmi namaḥ***
7. ***(aiṃ Hreem śrīṃ) (aiṃ klīṃ sauḥ) Hreem klīṃ bleṃ ṣaṃ sarva pāpaharā devī śrī pādukāṃ pūjayāmi tarpayāmi namaḥ***
8. ***(aiṃ Hreem śrīṃ) (aiṃ klīṃ sauḥ) Hreem klīṃ bleṃ saṃ sarva ānandamayī devi śrī pādukāṃ pūjayāmi tarpayāmi namaḥ***
9. ***(aiṃ Hreem śrīṃ) (aiṃ klīṃ sauḥ) Hreem klīṃ bleṃ haṃ sarva rakṣāsvarūpiṇī devī śrī pādukāṃ pūjayāmi tarpayāmi namaḥ***
10. ***(aiṃ Hreem śrīṃ) (aiṃ klīṃ sauḥ) Hreem klīṃ bleṃ kṣaṃ sarva epsitaphala pradā devī śrī pādukāṃ pūjayāmi tarpayāmi namaḥ***

Samashti Puja. Conclude the worship of this avarana by offering flowers to Sri Chakra. There is no tarpana here.

(aiṃ Hreem śrīṃ) (aiṃ klīṃ sauḥ) etāḥ nigarbhayoginyaḥ sarvarakṣākarecakre sa-mudrāḥ sa-siddhayaḥ sāyudhāḥ sa-śaktayaḥ sa-vāhanāḥ sa-parivārāḥ sarvopacāraiḥ saṃpūjitāḥ santarpitāḥ santuṣṭāḥ santu namaḥ

Translation: *"I invoke the divine energies with the bīja mantras aṃ Hreem śrīm and aṃ klīm sauḥ, honoring the counterparts in the Sarva Rakshakara chakra, adorned with mudras, powers, weapons, energies, vehicles, and attendants, fully worshipped and satisfied, may they be pleased."*

1. ***(aiṃ Hreem śrīṃ) (aiṃ klīṃ sauḥ) Hreem klīṃ bleṃ tripuramālinī cakreśvarī śrī pādukāṃ pūjayāmi tarpayāmi namaḥ***
2. ***(aiṃ Hreem śrīṃ) (aiṃ klīṃ sauḥ) paṃ prākāmyasiddhi śrī pādukāṃ pūjayāmi tarpayāmi namaḥ***
3. ***(aiṃ Hreem śrīṃ) (aiṃ klīṃ sauḥ) kroṃ sarvamahāṅkuśā mudrāśakti śrī pādukāṃ pūjayāmi tarpayāmi namaḥ***

Now recite the mantra **Krom** and perform the **Sarvamahankusha mudra**. Recite this mantra three times and now offer lamp, incense, bhoga and nirajana.

(aiṃ Hreem śrīṃ) (aiṃ klīṃ sauḥ) mūlaṃ (pancadaśī or ṣoḍaśī) śrīlalitā mahātripurasundarī parābhaṭṭārikā śrī pādukāṃ pūjayāmi tarpayāmi namaḥ|

ābhīṣṭasiddhiṃ me dehi śaraṇāgata vatsale
bhaktyā samarpaye tubhyaṃ ṣaṣṭhaṃ āvāraṇa arcanam

Take samanya arghya water and offer the worship of sixth avaran in the left hand of Lalita.

(aiṃ Hreem śrīṃ) (aiṃ klīṃ sauḥ) nigarbhayoginī mayūkhāyai ṣaṣṭhaṃ āvaraṇa devatāsahitāyai śrīlalitā mahātripurasundarī parabhaṭṭarikāyai namaḥ

Make Yoni Mudras and bow down, offer Karpoor Vitika.

Thus, ends worship of sixth Avarana.

Seventh Avarana – Sarva Rogahara Chakra

Seventh Avaran Devta

- **Name** – Sarva Rogahara chakra
- **Yogini** – 8 Rahasya Yogini
- **Diagram** – 8 Triangle
- **Mudra** – Sarva Khechari
- **Mantra of Mudra** Haskhphrem
- **Chakreshwari** – Tripurasiddhi
- **Beejakshara** – Hreem śrīṃ sauḥ

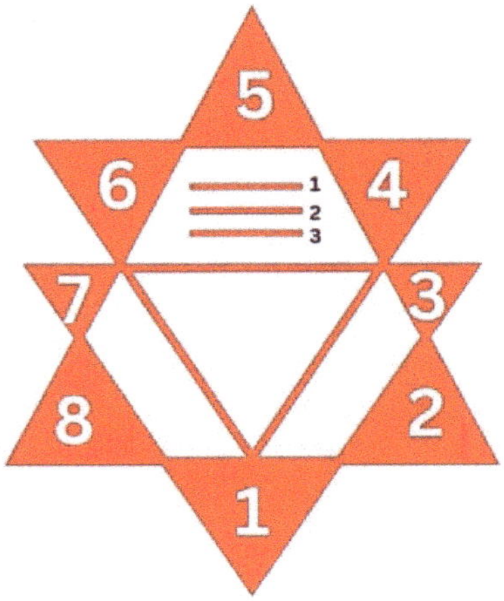

Offer flowers to the **Sri Chakra Seventh enclosure** which is the place of the Vagdevis while chanting the following mantra. They are the creators of Lalita Sahasranama.

Hreem śrīṃ sauḥ sarva rogahara cakrāya namaḥ

Puja and Tarpan should be offered to the Yoginis in order of numbers position from 1 to 8 as shown in the figure.

1. ***(aiṃ Hreem śrīṃ) (aiṃ klīṃ sauḥ) (Hreem śrīṃ sauḥ) aṃ āṃ iṃ īṃ uṃ ūṃ ṛṃ rṃ ḷrṃ lrm oṃ eṃ aiṃ oṃ auṃ aṃ aḥ blūṃ vaśinī vāgdevatā śrī pādukāṃ pūjayāmi tarpayāmi namaḥ***
1. ***(aiṃ Hreem śrīṃ) (aiṃ klīṃ sauḥ) (Hreem śrīṃ sauḥ) kaṃ khaṃ gaṃ ghaṃ ṅaṃ klHreem kāmeśvarī vāgdevatā śrī pādukāṃ pūjayāmi tarpayāmi namaḥ***
2. ***(aiṃ Hreem śrīṃ) (aiṃ klīṃ sauḥ) (Hreem śrīṃ sauḥ) caṃ chaṃ jaṃ jhaṃ ñaṃ nvlīṃ modinī vāgdevatā śrī pādukāṃ pūjayāmi tarpayāmi namaḥ***
3. ***(aiṃ Hreem śrīṃ) (aiṃ klīṃ sauḥ) (Hreem śrīṃ sauḥ) ṭaṃ ṭhaṃ ḍaṃ ḍhaṃ ṇaṃ ylūṃ vimalā vāgdevatā śrī pādukāṃ pūjayāmi tarpayāmi namaḥ***
4. ***(aiṃ Hreem śrīṃ) (aiṃ klīṃ sauḥ) (Hreem śrīṃ sauḥ) taṃ thaṃ daṃ dhaṃ naṃ jmrīṃ aruṇā vāgdevatā śrī pādukāṃ pūjayāmi tarpayāmi namaḥ***

5. ***(aiṃ Hreem śrīṃ) (aiṃ klīṃ sauḥ) (Hreem śrīṃ sauḥ) paṃ phaṃ baṃ bhaṃ maṃ hslvyūṃ jayani vāgdevatā śrī pādukāṃ pūjayāmi tarpayāmi namaḥ***
6. ***(aiṃ Hreem śrīṃ) (aiṃ klīṃ sauḥ) (Hreem śrīṃ sauḥ) yaṃ raṃ laṃ vaṃ jhmryūṃ sarveśvarī vāgdevatā śrī pādukāṃ pūjayāmi tarpayāmi namaḥ***
7. ***(aiṃ Hreem śrīṃ) (aiṃ klīṃ sauḥ) (Hreem śrīṃ sauḥ) śaṃ ṣaṃ saṃ haṃ lṃ kṣaṃ kṣm- rīṃ kaulinī vāgdevatā śrī pādukāṃ pūjayāmi tarpayāmi namaḥ***

Samashti Puja. Conclude the worship of this avarana by offering flowers to Sri Chakra. There is no tarpana here.

(aiṃ Hreem śrīṃ) (aiṃ klīṃ sauḥ) etāḥ rahasya yoginyaḥ mayūkhāyai sarvarogahare cakre sa-mudrāḥ sa-siddhayaḥ sāyudhāḥ sa-śaktayaḥ sa-vāhanāḥ sa-parivārāḥ sarvopacāraiḥ saṃpūjitāḥ santarpitāḥ santuṣṭāḥ santu namaḥ

***Translation**: "I invoke the divine energies with the bīja mantras aṃ Hreem śrīm and aṃ klīm sauḥ, honoring the counterparts in the Sarva Rogahara chakra, adorned with mudras, powers, weapons, energies, vehicles, and attendants, fully worshipped and satisfied, may they be pleased."*

1. ***(aiṃ Hreem śrīṃ) (aiṃ klīṃ sauḥ) Hreem śrīṃ sauḥ tripurasiddhā cakreśvarī śrī pādukāṃ pūjayāmi tarpayāmi namaḥ***
2. ***(aiṃ Hreem śrīṃ) (aiṃ klīṃ sauḥ) bhuṃ bhukti siddhi śrī pādukāṃ pūjayāmi tarpayāmi namaḥ***
3. ***(aiṃ Hreem śrīṃ) (aiṃ klīṃ sauḥ) haskhphrem sarvakhecarī mudrāśakti śrī pādukāṃ pūjayāmi tarpayāmi namaḥ***

Now recite **Haskhfrem** and show **Sarva Khechari Mudra**. Recite this mantra three times and now offer lamp, incense, bhog and nirajan.

(aiṃ Hreem śrīṃ) (aiṃ klīṃ sauḥ) mūlaṃ (pancadasī or ṣoḍaśī) śrīlalitā mahātripurasundarī parābhaṭṭārikā śrī pādukāṃ pūjayāmi tarpayāmi namaḥ

ābhīṣṭasiddhiṃ me dehi śaraṇāgata vatsale
bhaktyā samarpaye tubhyaṃ saptama āvaraṇa arcanam

Take some water from the samanya Arghya, mentally worship the seventh avarana and offer the water in the left hand of Lalita.

(aiṃ Hreem śrīṃ) (aiṃ klīṃ sauḥ) rahasya yoginī mayūkhāyai saptama āvaraṇa devatā sahitāyai śrī lalitā mahā tripurasundarī parabhaṭṭarikāyai namaḥ

Show yoni mudras and do salutations, give camphor vitika.

Thus ends the worship of the seventh avarana.

Eighth avarana – Sarva Siddhiprada Chakra

Sri Chakra Eight Avarana Devta

- **Name** – Sarva Siddhiprada Chakra
- **Yogini** – Atirahasya Yogini
- **Diagram** – 1 Triangle
- **Mudra** – Sarvabeeja
- **Mantra of Mudra** - Hsauh
- **Chakreshwari** – Tripuramba
- **Beejakshara** – hasraiṃ hasklrīṃ hasrauḥ

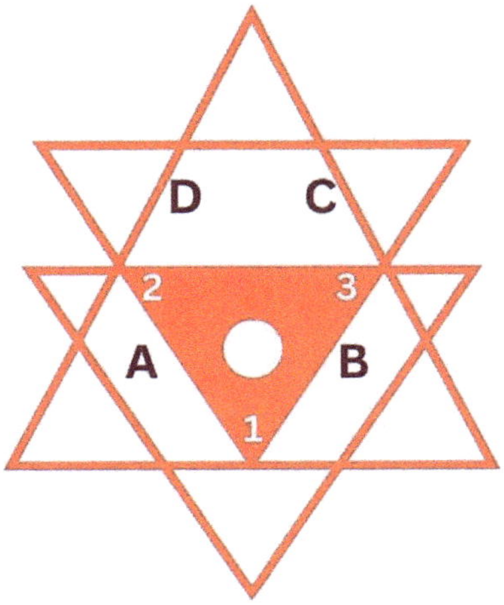

The eighth Avarana is distinct from the others. The worship is conducted in two parts: In the first part we worship the four weapons of **Mahakameshwara** and **Mahakameshwari**. And in the second part we worship the three Yoginis

Puja procedure:

a. **Ayudharchanam**

The weapons should be worshipped at the places marked A, B, C and D in the same order. However, the **avarana beejaksharas** are not applied before the **Ayudharcharnam** mantras. The five arrows, bow, noose and goad are placed on Maa Lalita and Kameshwara in the same position.

- ***(aiṃ Hreem śrīṃ) (aiṃ klīṃ sauḥ) yāṃ rāṃ lāṃ vāṃ sāṃ drāṃ drīṃ klīṃ blūṃ saḥ sarva jambhṛṇebhyo kāmeśvarī kāmeśvara bāṇebhyo namaḥ | bāṇaśakti śrī pādukāṃ pūjayāmi tarpayāmi namaḥ***
- ***(aiṃ Hreem śrīṃ) (aiṃ klīṃ sauḥ) thaṃ dhaṃ sarva sammohanābhyāṃ kāmeśvarī kāmeśvara dhanurbhyāṃ namaḥ | dhanūḥ śakti śrī pādukāṃ pūjayāmi tarpayāmi namaḥ***

- ***(aiṃ Hreem śrīṃ) (aiṃ klīṃ sauḥ) Hreem āṃ sarva vaśīkaraṇābhyāṃ kāmeśvarī kāmeśvara pāśābhyāṃ namaḥ | pāśaśakti śrī pādukāṃ pūjayāmi tar- payāmi namaḥ***
- ***(aiṃ Hreem śrīṃ) (aiṃ klīṃ sauḥ) kroṃ kroṃ sarva stambhanābhyāṃ kāmeśvarī kāmeśvara aṅkuśābhyāṃ namaḥ | aṅkuśaśakti śrī pādukāṃ pūjayāmi tarpayāmi namaḥ***

b. Ashtama Avaran Puja

Offer flowers in the Sri Chakra while chanting the following mantra. There is no Tarpana here

(aiṃ Hreem śrīṃ) (aiṃ klīṃ sauḥ) hasraiṃ hasklrīṃ hasrauḥ sarva siddhiprada cakrāya namaḥ

The three Shaktis are to be worshipped in the 1, 2 and 3 places in the anticlock - wise direction as shown in the above picture. The three Kutas of the **Saubhagya Panchadasi** Mantra are used as prefixes to these three mantras. Worship the three goddesses named **Mahakameshwari, Mahavajreshwari & Mahabhagmalini**.

- ***(aiṃ Hreem śrīṃ) (aiṃ klīṃ sauḥ) (aiṃ) - (ka e ī la Hreem) - agni cakre kāmagiri pīṭhe mitreśanātha navayoni cakrātmaka ātma tattva sṛṣṭi kṛtya jāgrad daśā adhiṣṭhāyaka icchāśakti vāgbhavātmaka vāgīśvarī svarūpa brahmātma śakti mahākāmeśvarī śrī pādukāṃ pūjayāmi tarpayāmi namaḥ***

- ***(aiṃ Hreem śrīṃ) (aiṃ klīṃ sauḥ) (klīṃ) - (ha sa ka ha la Hreem) - sūryacakre jālandharapīṭhe ṣaṣṭhīśanātha daśāra dvaya catur daśāra cakrātmaka vidyā tattva sthiti kṛtya svapna daśā adhiṣṭhāyaka jñāna śakti kāmarājātmaka kāmakalā svarūpa viṣṇvātma śakti mahāvajreśvarī śrī pādukāṃ pūjayāmi tarpayāmi namaḥ***

- ***(aiṃ Hreem śrīṃ) (aiṃ klīṃ sauḥ) (sauḥ) - (sa ka la Hreem) - soma cakre pūrṇagiripīṭhe uḍḍīśanātha aṣṭadala ṣoḍaśadala caturaśra cakrātmaka śivatattva saṃhāra kṛtya suṣupti daśā adhiṣṭhāyaka kriyāśakti śakti bījātmaka parāpara śakti svarūpa rudrātma śakti mahābhagamālinī śrī pādukāṃ pūjayāmi tarpayāmi namaḥ***

This archana should be done on the bindu.

(Aim Hreem Shreem) (Aim Kleem Sauh) (Aim - Ka Aee La Hreem) - (Kleem - Has Ka La Hreem) - (Sauh - Sa Ka La Hreem) - Parabrahma chakre mahoḍyāṇa peeth Charyanandnatha samasta cakrātmaka sa-parivāra paramatatva sṛṣṭi sthiti saṃhāra kṛtya turīya daśā adhiṣṭhāyaka icchā jñāna kriyā śāntā śakti vāgbhava kāmarāja śakti bījātmaka paramaśakti svarūpa parabrahmaśakti śrī lalitā mahātripurasundarī śrī pādukāṃ pūjayāmi tarpayāmi namaḥ

Samashti Puja. Conclude the worship of this avarana by offering flowers to Sri Chakra. There is no tarpana here.

(aiṃ Hreem śrīṃ) (aiṃ klīṃ sauḥ) etāḥ atirahasya yoginyaḥ sarvasiddhiprade cakre sa-mudrāḥ sa- siddhayaḥ sāyudhāḥ sa-śaktayaḥ savāhanāḥ sa-parivārāḥ sarvopacāraiḥ saṃpūjitāḥ santarpitāḥ santuṣṭāḥ santu namaḥ||

***Translation**: "I invoke the divine energies with the bīja mantras aṃ Hreem śrīm and aṃ klīm sauḥ, honoring the counterparts in the Sarva Siddhiprada chakra, adorned with mudras, powers, weapons, energies, vehicles, and attendants, fully worshipped and satisfied, may they be pleased."*

1. ***(aiṃ Hreem śrīṃ) (aiṃ klīṃ sauḥ) hsraiṃ hsklrīṃ hsrauḥ tripurāmbā cakreśvarī śrī pādukāṃ pūjayāmi tarpayāmi namaḥ***
2. ***(aiṃ Hreem śrīṃ) (aiṃ klīṃ sauḥ) iṃ icchāsiddhi śrī pādukāṃ pūjayāmi tarpayāmi namaḥ***
3. ***(aiṃ Hreem śrīṃ) (aiṃ klīṃ sauḥ) hsauḥ sarvabīja mudrāśakti śrī pādukāṃ pūjayāmi tarpayāmi namaḥ***

Now chant **Hsauh** and demonstrate **Sarvabija Mudra**. Chant this mantra three times and now offer lamp, incense, food and nirajan.

(aiṃ Hreem śrīṃ) (aiṃ klīṃ sauḥ) mūlaṃ (pancadaśī or ṣoḍaśī) śrīlalitā mahātripu-rasundarī parābhaṭṭārikā śrī pādukāṃ pūjayāmi tarpayāmi namaḥ

abhīṣṭasiddhiṃ me dehi śaraṇāgatavatsale bhaktyā
samarpaye tubhyaṃ aṣṭama āvaraṇa arcanam

Take some water from the samanya arghya, perform the mental Puja of eighth avarana and offer the water in Lalita's left hand.

(aiṃ Hreem śrīṃ) (aiṃ klīṃ sauḥ) atirahasya yoginī mayūkhāyai aṣṭama āvaraṇa devatā sahitāyai śrī lalitā mahā tripursundarī parābhaṭṭarikāyai namaḥ

Show the Yoni Mudra and bow down, offer Karpoor Vitika.

Thus ends the worship of eighth Avarana.

Ninth Avarana – Sarva Anandamaya chakra

Sri Chakra Ninth Avarana devta

- **Name** – Sarva Anandamaya Chakra
- **Yogini** – 1 Paraparati rahasya yogini
- **Diagram** – 1 Bindu
- **Mudra** – Sarvayoni – or Sarvatrikhanda
- **Mantra of Mudra** - Aing or hasraiṃ hasklrīṃ hasrauḥ
- **Chakreshwari** – Shri Mahatripurasundari
- **Beejakshara** – Panchadashi

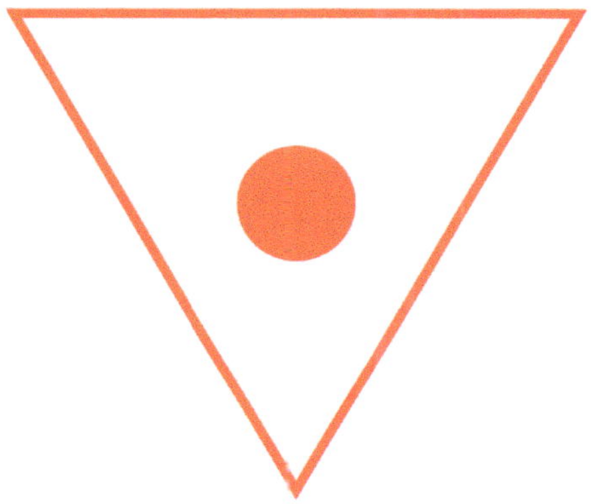

The ninth avarana is the last covering of the Sri Chakra and only Lalitambika is worshipped here. Offer flowers at the Sri Chakra point while chanting the following mantra. There is no tarpana here.

(Pancadaśī) sarvānandamaya cakrāya namaḥ

For the following mantra, worship and oblation should be done three times at the point.

'Moolam' Shri Lalita Mahatripurasundari Parabhattaarika Shri Padukaan Pujayami Tarpayami Namah

Samashti Puja. Conclude the worship of this avarana by offering flowers to Sri Chakra. There is no tarpana here.

eṣā parāparāti rahasyayoginī sarva ānandamaya cakre sa-mudrāḥ sasiddhayaḥ sāyudhāḥ saśaktayaḥ savāhanāḥ saparivārāḥ sarvopacāraiḥ saṃpūjitāḥ santarpitāḥ santuṣṭā'stu namaḥ

Translation: *"I invoke the divine energies with the bīja mantras aṃ Hreem śrīm and aṃ klīm sauḥ, honoring the counterparts in the Sarva Anandamaya chakra, adorned with mudras, powers, weapons, energies, vehicles, and attendants, fully worshipped and satisfied, may they be pleased."*

For the following mantras, both puja and tarpana have to be done at this point.

1. ***pañcadaśī śrī mahā tripurasundarī cakreśvarī śrī pādukāṃ pūjayāmi tarpayāmi namaḥ***
2. ***(aiṃ Hreem śrīṃ) (aiṃ klīṃ sauḥ) paṃ prāptisiddhi śrī pādukāṃ pūjayāmi tarpayāmi namaḥ***
3. ***(aiṃ Hreem śrīṃ) (aiṃ klīṃ sauḥ) aiṃ sarvayoni mudrāśakti śrī pādukāṃ pūjayāmi tarpayāmi namaḥ***

Now chant **'Aing'** and show **Yoni Mudra**.

Following procedure is only for Shodashi Upasak

1. ***(aiṃ Hreem śrīṃ) (aiṃ klīṃ sauḥ) sarvānandamaye cakre mahodayanpīṭhe caryānandanāthātmaka turiyātīta daśādhiṣṭhāyaka śāntyātīta kalātmaka prakāśa vimarśa sāmarasyātmaka parabrahma svarūpiṇī parāmṛtaśaktiḥ sarvamantreśvarī sarvapīṭheśvarī sarvayogeśvarī sarvavāgīśvarī sarvasiddheśvarī sarvavīreśvarī sakala jagadutpatti mātṛkā sa-cakra sa-devatā sa-āsanā sa-āyudhā sa-śaktiḥ sa-vāhanā svetā sacakraśikā parāyā aparayā parāparayā saparyayā sarvopacāraiḥ sampū- jitā santarpitā santuṣṭā'stu namo namaḥ***

2. ***(aiṃ Hreem śrīṃ) saṃ sarvakāmasiddhi śrī pādukāṃ pūjayāmi tarpayāmi namaḥ***

3. ***(aiṃ Hreem śrīṃ) hsraiṃ hsklrīṃ hsrauḥ sarva trikhaṇḍā mudraśakti śrī pādukāṃ pūjayāmi tarpayāmi namaḥ***

Now chant **hasraiṃ hasklrīṃ hasrauḥ** and show the **Sarva Trikhandamudra**. (Till here for only Shodashi Upasaks)

Below mantras are common for all Upasaks.

(aiṃ Hreem śrīṃ) (aiṃ klīṃ sauḥ) mūlaṃ (paṃcadasī aura ṣoḍaśī) śrī lalitā
Mahā tripurasundarī parābhaṭṭārikā śrī pādukāṃ pūjayāmi
tarpayāmi namaḥ||

abhīṣṭasiddhiṃ me dehi śaraṇāgatavatsale|
bhaktyā samarpaye tubhyaṃ navama āvaraṇa arcanam||

Take some water from the samanya arghya mentally perform the ninth avaran puja and offer in the left hand of Lalita.

(aiṃ Hreem śrīṃ) (aiṃ klīṃ sauḥ) paraparāti rahasyayoginī mayūkhāyai navama āvaraṇa devatāsahitāyai śrīlalitā mahātripursundarī parābhaṭṭarikāyai namaḥ

Show the Yoni Mudra and bow down, offer Karpoor Vitika.

Thus ends the worship of ninth Aavarana.

Dikpala Pujana (Worshipping the Guardian deities)

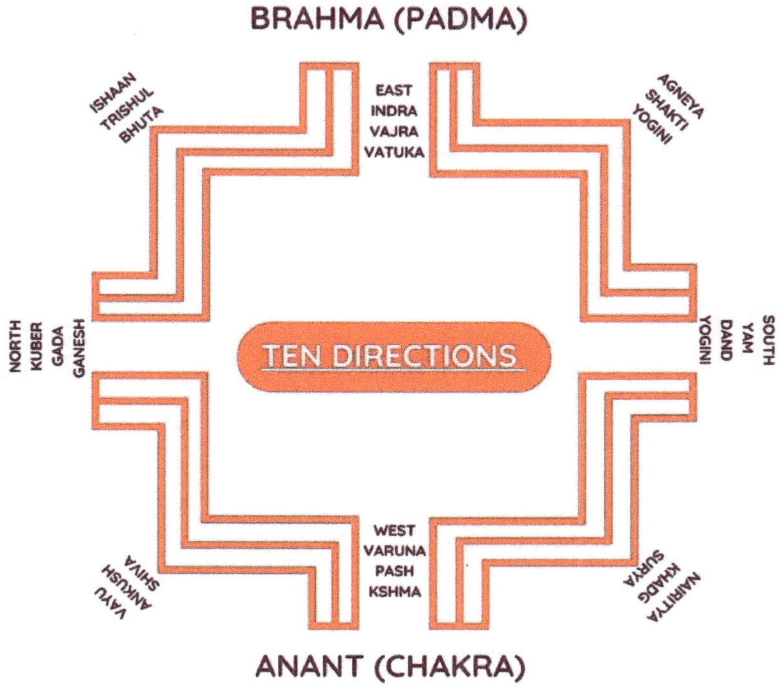

Tenth Avaranam

This Avaranam is dedicated to the 10 Dikpalas in the middle row of Bhupur

1. ***om indra śrī pādukām pūjayāmi tarpayāmi namaḥ|***
2. ***om agni śrī pādukām pūjayāmi tarpayāmi namaḥ|***
3. ***om yama śrī pādukām pūjayāmi tarpayāmi namaḥ|***
4. ***om nirṛtya śrī pādukām pūjayāmi tarpayāmi namaḥ|***
5. ***om varuṇa śrī pādukām pūjayāmi tarpayāmi namaḥ|***
6. ***om vāyu śrī pādukāma pūjayāmi tarpayāmi namaḥ|***
7. ***om kubera śrī pādukām pūjayāmi tarpayāmi namaḥ|***
8. ***om īśāna śrī pādukām pūjayāmi tarpayāmi namaḥ|***
9. ***om brahmā śrī pādukām pūjayāmi tarpayāmi namaḥ|***
10. ***om ananta śrī pādukām pūjayāmi tarpayāmi namaḥ|***

om abhīṣṭa siddhiṃ me dehi śaraṇāgata vatsalā bhaktyā samarpaye tubhyaṃ daśam avaraṇārcanam | pūjitāḥ tarpitāḥ santu

Eleventh Avaranam

Dedicated to the weapons of the Dikpalas present in the third outer row of Bhupur.

1. ***om vajra śrī pādukām pūjayāmi tarpayāmi namaḥ***
2. ***om śakti śrī pādukām pūjayāmi tarpayāmi namaḥ***
3. ***om daṇḍa śrī pādukām pūjayāmi tarpayāmi namaḥ***
4. ***om khaḍga śrī pādukām pūjayāmi tarpayāmi namaḥ***
5. ***om pāśā śrī pādukām pūjayāmi tarpayāmi namaḥ***
6. ***om ankuśā śrī pādukām pūjayāmi tarpayāmi namaḥ***
7. ***om gadā śrī pādukāma pūjayāmi tarpayāmi namaḥ***
8. ***om triśūla śrī pādukām pūjayāmi tarpayāmi namaḥ***
9. ***om padma śrī pādukām pūjayāmi tarpayāmi namaḥ***
10. ***om cakra śrī pādukām pūjayāmi tarpayāmi namaḥ***

om abhīṣṭa siddhiṃ me dehi śaraṇāgata vatsalā
bhaktyā samarpaye tubhyaṃ ekadaśam avaraṇārcanam | pūjitāḥ tarpitāḥ santu

Twelfth Avaranam

This Avaranam is offered in all the 8 directions surrounding the yantra.

1. East - ***om vam vaṭukāye śrī pādukām pūjayāmi tarpayāmi namaḥ***
2. South - ***om yam yoginī śrī pādukām pūjayāmi tarpayāmi namaḥ***
3. West - ***om kṣamā kṣetrapālāya śrī pādukām pūjayāmi tarpayāmi namaḥ***
4. North- ***om gaṃ gaṇeśa śrī pādukām pūjayāmi tarpayāmi namaḥ***
5. South East - ***om vasudev śrī pādukām pūjayāmi tarpayāmi namaḥ***
6. South West - ***om sūrya śrī pādukām pūjayāmi tarpayāmi namaḥ***
7. North West - ***om śiva śrī pādukām pūjayāmi tarpayāmi namaḥ***
8. North East - ***om bhūtā śrī pādukām pūjayāmi tarpayāmi namaḥ***

om abhīṣṭa siddhiṃ me dehi śaraṇāgata vatsalā
bhaktyā samarpaye tubhyaṃ dvādaśam avaraṇārcanam | pūjitāḥ tarpitāḥ santu

Pancha Panchika (Treasurers of Maa Lalita) Pujan

(Perform on the Yantra) Offering flowers to the Yantra, perform the Pancha Panchika Puja in brief as given below:

1. ***aiṃ Hreem śrīṃ panca lakṣya aṃbā śrī pādukāṃ pūjāyāmi tarpayāmi namaḥ***
2. ***aiṃ Hreem śrīṃ panca kośaṃbā śrī pādukāṃ pūjāyāmi tarpayāmi namaḥ***
3. ***aiṃ Hreem śrīm panca kalpalatā āṃbā śrī pādukāṃ pūjāyāmi tarpayāmi namaḥ***
4. ***aiṃ Hreem śrīm panca kāmadugh āṃbā śrī pādukāṃ pūjāyāmi tarpayāmi namaḥ***
5. ***aiṃ Hreem śrīm panca ratnāmbā śrī pādukām pūjāyāmi tarpayāmi namaḥ***

Shada Darshan (Six Philosophies) Pujan

Offering flowers to the Yantra, perform the worship of Shada Darshan as given below:

1. ***aiṃ Hreem śrīṃ tārā adhiṣṭhita bauddha darśanam, śrī pādukāṃ pūjāyāmi tarpayāmi namaḥ***

2. *aiṃ Hreem śrīṃ brahma devatā adhiṣṭhita vaidika darśanam, śrī pādukām pūjāyāmi tarpayāmi namaḥ*
3. *aiṃ Hreem śrīṃ rudra devatā adhiṣṭhita śiva darśanam, śrī pādukām pūjāyāmi tarpayāmi namaḥ*
4. *aiṃ Hreem śrīṃ sūrya devatā adhiṣṭhita saura darśanaṃ śrī pādukāṃ pūjāyāmi tarpayāmi namaḥ*
5. *aiṃ Hreem śrīṃ viṣṇu devatā adhiṣṭhita vaiṣṇava darśanam śrī pādukām pūjāyāmi tarpayāmi namaḥ*
6. *aiṃ Hreem śrīṃ bhuvaneśvarī devatā adhiṣṭhita śākta darśanaṃ śrī pādukāṃ pūjāyāmi tarpayāmi namaḥ*

Shadadhara Puja

(Perform on Yantra base) Offer flowers over the Yantra, worship the 6 Chakra deities.

1. *aiṃ Hreem śrīṃ ṣaḍ cakra devatā śrī pādukām pūjāyāmi tarpayāmi namaḥ|*
2. *aiṃ Hreem śrīṃ sāṃ haṃsaḥ mūlādhāra adhiṣṭhāna devatāyai sākinī sahita gaṇanātha svarūpiṇyai namaḥ | gaṇanātha svarūpiṇyambā śrī pādukāṃ pūjayāmi tarpayāmi namaḥ*
3. *aiṃ Hreem śrīṃ kāṃ sohaṃ svādhiṣṭhāna adhiṣṭhāna devatāyai kākinī sahita brahma svarūpiṇyai namaḥ | brahma svarūpiṇyambā śrī pādukāṃ pūjayāmi tarpayāmi namaḥ*
4. *aiṃ Hreem śrīṃ lāṃ haṃsah sohaṃ maṇipūraka adhiṣṭhāna devatāyai lākinī sahita viṣṇurūpiṇyai namaḥ | viṣṇu svarūpiṇyambā śrī pādukāṃ pūjayāmi tarpayāmi namaḥ*
5. *aiṃ Hreem śrīṃ rāṃ haṃsah śivah sohaṃ anāhata adhiṣṭhāna devatāyai rākiṇī Sahita sadāśiva svarūpiṇyai namaḥ |sadāśiva svarūpiṇyambā śrī pādukāṃ pūjayāmi tarpayāmi namaḥ*
6. *aiṃ Hreem śrīṃ ḍāṃ sohaṃ haṃsah śivaḥ viśuddhya adhiṣṭhāna devatāyai ḍākinī sahita jīveśvara svarūpiṇyai namaḥ | jīveśvara svarūpiṇyambā śrīpādukāṃ pūjayāmi tarpayāmi namaḥ*
7. *aiṃ Hreem śrīṃ hāṃ haṃsa śivah sohaṃ sohaṃ haṃsa śivaḥ Ājñādhiṣṭhāna devatāyai hākinī sahita paramātma svarūpiṇyai namaḥ | paramātma svarūpiṇyambā śrīpādukāṃ pūjayāmi tarpayāmi namaḥ*

Amna Samasti Pujana (Worshipping the Amna)

Amna Samasti Puja (performed on Yantra)

1. *pūrva āmnāya samaya vidyeśvarī unmādinī devyambā, śrī pādukām pūjāyāmi tarpayāmi namaḥ*
2. *dakṣiṇa āmnāya samaya vidyeśvarī bhoginī devyāmbā, śrī pādukām pūjāyāmi tarpayāmi namaḥ*
3. *paścima āmnāya samaya vidveśvarī kubajikā devyambā, śrī pādukām pūjāyāmi tarpayāmi namaḥ*
4. *uttara āmnāya samaya vidyeśvarī kālikā devyambā, śrī pādukām pūjāyāmi tarpayāmi namaḥ*
5. *ūrdhva āmnāya samaya vidyeśvarī amba, śrī pādukām pūjāyāmi tarpayāmi namaḥ*

Perform her Aarti

After Aarti, circumambulate the Devi three times, bow down in Yoni Mudra, prostrate before her and pray for forgiveness as given below:

āvāhanaṃ na jānāmi, na jānāmi visarjanam
pūjanaṃ chaiv na jānāmi kṣamyatām parameśvari|
mantrahīnaṃ kriyāhīnaṃ buddhihīnaṃ maheśvarī
yat pūjitaṃ mayā devī paripūrṇam tadastu me
guhayati guhya goptri, tvaṃ ghṛṇa smat kṛtaṃ japam
siddhir bhavatu me devī, tvat prasādan māheśvarī|

|| śrī lalitā ambikā caraṇārpaṇa astuma ||

To conclude the worship visualize Sri Lalita as entering into your heart from the Sri Yantra. Thus the Sri Yantra worship is complete.

śrī guru caraṇārpaṇamastu

DEVI KHADGAMALA

Prayer

hrīṅkār āsana garbhitā analaśikhāṃ sauḥ klīṃ kalāṃ bibhratīṃ
sauvarṇā ambaradhāriṇīṃ varasudhā dhautāṃ triṇetrojjvalām |
vande pustaka pāśam aṅkuśadharāṃ sragbhūṣitām ujjvalāṃ
tvāṃ gaurīṃ tripurāṃ parātpara kalāṃ śrīcakra sañcāriṇīm ||

Translation: *"I salute the resplendent Gaurī, who embodies the supreme transcendental energy, moving within the Śrīcakra. She is seated in the hrīṅkār posture, with the flame of knowledge concealed within her. She bears the energies of sauḥ and klīṃ, adorned in golden garments, purified by the nectar of immortality, and radiant with three brilliant eyes. Holding a book, a noose, and a goad, she is beautifully adorned and luminous."*

Viniyoga

asya śrīśuddha śaktimālā mahāmantrasya, upasthendriya ādhiṣṭhāyī varuṇāditya ṛṣiḥ daivī gāyatrī chandaḥ, sāttvika kakāra bhaṭṭāraka pīṭhasthita kāmeśvarāṅka nilayā mahākāmeśvarī śrī lalitā bhaṭṭārikā devatā, aiṃ bījaṃ klīṃ śaktiḥ sauḥ kīlakaṃ mama khaḍga siddhyarthe sarvābhīṣṭa siddhyarthe jape viniyogaḥ |

Dhyanam

āraktābhām trinētrām aruṇima vasanām ratna tāṭaṅka ramyām |
hastām bhōjais sapāśāṅkuśa madana dhanuh sāyakair visphurantīm |
āpīn ōttuṅga vakṣōruha kalaśa luṭhatta hārah ujjvalāṅgī |
dhyāyēd ambhōru hasthām aruṇima vasanām īśvarīm īśvarāṇām ||

Translation: *"I meditate on the supreme goddess, Īśvarī, who is radiant and red in complexion, with three eyes, adorned in red garments, and beautiful with jewel-studded ornaments. She holds in her hands a noose, a goad, the bow of Kāma, and arrows, all shining brightly. Her breasts are full and firm, her waist is slender, and her limbs are resplendent. She holds a water pot in her hand, symbolizing abundance and nourishment."*

Panchopchar Puja

1. ***laṃ – pṛthivī tattvātmikāyai śrī lalitā tripurasundarai gandhaṃ parikalpayāmi namaḥ***
2. ***haṃ – ākāśa tattvātmikāyai śrī lalitā tripurasundarai puṣpaṃ parikalpayāmi namaḥ***
3. ***yaṃ – vāyu tattvātmikāyai śrī lalitā tripurasundarai dhūpaṃ parikalpayāmi namaḥ***
4. ***raṃ – tejas tattvātmikāyai śrī lalitā tripurasundarai dīpaṃ parikalpayāmi namaḥ***
5. ***vaṃ – amṛta tattvātmikāyai śrī lalitā tripurasundarai amṛta naivedyaṃ parikalpayāmi namaḥ***
6. ***saṃ – sarva tattvātmikāyai śrī lalitā tripurasundarai tāmbūlādi sarvopacārān parikalpayāmi namaḥ***

Strotram

(invoking śrīdevī -1)

aiṃ Hreem śrīṃ aiṃ klīṃ sauḥ oṃ namas tripurasundari |

(nyāsāṅgadevatāḥ-6)

hṛdayadevi, śirodevi, śikhādevi, kavacadevi, netradevi, astradevi,

(tithinityādevatāḥ-16)

kāmeśvari, bhagamālini, nityaklinne, bheruṇḍe, vahnivāsini, mahāvajreśvari, śivadūti, tvarite, kulasundari, nitye, nīlapatāke, vijaye, sarvamaṅgale, jvālāmālini, citre, mahānitye,

(divyaughaguravaḥ-7)

parameśvara , parameśvari, mitreśamayi, ṣaṣṭhīśamayi, uḍḍīśamayi, caryānāthamayi, lopāmudrāmayi, agastyamayi,

(siddhaughaguravaḥ-4)

kālatāpanamayi, dharmācāryamayi, muktakeśīśvaramayi, dīpakalānāthamayi,

(mānavaughaguravaḥ-8)

viṣṇudevamayi, prabhākaradevamayi, tejodevamayi, manojadevamayi, kalyāṇadevamayi, vāsudevamayi, ratnadevamayi, śrīrāmānandamayi,

(śrīcakra first āvaraṇa devatāḥ-30)

aṇimāsiddhe, laghimāsiddhe, mahimāsiddhe, īśitvasiddhe, vaśitvasiddhe, prākāmyasiddhe, bhuktisiddhe, icchāsiddhe, prāptisiddhe, sarvakāmasiddhe, brāhmi, māheśvari, kaumāri, vaiṣṇavi, vārāhi, māhendri, cāmuṇḍe, mahālakṣmi, sarvasaṅkṣobhiṇī, sarvavidrāviṇī, sarvākarṣiṇī, sarvavaśaṅkari, sarvonmādini, sarvamahāṅkuśe, sarvakhecari, sarvabīje, sarvayone, sarvatrikhaṇḍe, trailokya mohana cakra svāmini, prakaṭa yogini,

(śrīcakra second āvaraṇa devatāḥ-18)

kāmākarṣiṇi, buddhyākarṣiṇi, ahaṅkārākarṣiṇi, śabdākarṣiṇi, sparśākarṣiṇi, rūpākarṣiṇi, rasākarṣiṇi, gandhākarṣiṇi, cittākarṣiṇi, dhairyākarṣiṇi, smṛtyākarṣiṇi, nāmākarṣiṇi, bījākarṣiṇi, ātmākarṣiṇi, amṛtākarṣiṇi, śarīrākarṣiṇi, sarvāśā paripūraka cakra svāmini, gupta yogini,

(śrīcakra third avaraṇa devatāḥ-10)

anaṅga kusume, anaṅga mekhale, anaṅga madane, anaṅga madanāture, anaṅga rekhe, anaṅga vegini, anaṅga āṅkuśe, anaṅga mālini, sarva saṅkṣobhaṇa cakra svāmini, guptatara yogini,

(śrīcakra fourth avaraṇa devatāḥ-16)

sarvasaṅkṣobhiṇi, sarvavidrāviṇi, sarvākarṣiṇi, sarvahlādini,

sarvasammohini, sarvastambhini, sarvajṛmbhiṇi, sarvavaśaṅkari, sarvarañjani,
sarvonmādini, sarvārthasādhike, sarva Sampatti pūraṇi,
sarvamantramayi, sarva dvandva kṣayaṅkari,
sarva saubhāgyadāyaka cakra svāmini, sampradāya yogini,

(śrīcakra fifth āvaraṇa devatāḥ-12)
sarvasiddhiprade, sarvasampatprade, sarvapriyaṅkari,
sarva maṅgala kāriṇi, sarvakāmaprade, sarva duḥkha vimocani, sarva mṛtyu praśamani,
sarva vighna nivāriṇi, sarvāṅgasundari, sarva saubhāgya dāyini,
sarvārtha sādhaka cakra svāmini, kulottīrṇa yogini,

(śrīcakra sixth avaraṇadevatāḥ-12)
sarvajñe, sarvaśakte, sarva aiśvarya pradāyini, sarvajñānamayi,
sarva vyādhi vināśini, sarvādhāra svarūpe,
sarvapāpahare, sarvānandamayi, sarva rakṣāsvarūpiṇi, sarvepsita phalaprade,
sarvarakṣākara cakra svāmini, nigarbha yogini,

(śrīcakra seventh āvaraṇadevatāḥ-10)
vaśini, kāmeśvari, modini, vimale, aruṇe, jayini, sarveśvari, kaulini,
sarvarogahara cakra svāmini, rahasya yogini,

(śrīcakra eight āvaraṇadevatāḥ-9)
bāṇini, cāpini, pāśini, aṅkuśini, mahākāmeśvari, mahāvajreśvari, mahābhagamālini,
sarva siddhiprada cakra svāmini, atirahasya yogini,

(śrīcakra ninth āvaraṇadevatāḥ-3)
Śrī śrī mahābhaṭṭārike, sarva ānandamaya cakrasvāmini, parāpararahasya yogini,

(nine cakreśvarī nāmāni-9)
tripure, tripureśi, tripurasundari, tripuravāsini, tripurāśrīḥ, tripuramālini, tripurāsiddhe,
tripurāmba, mahātripurasundari,

(śrīdevī viśeṣaṇāni, namaskāranavākṣarī ca-9)
mahāmaheśvari, mahāmahārājñi, mahāmahāśakte, mahāmahāgupte, mahāmahājñapte,
mahāmahānande, mahāmahāskandhe, mahāmahāśaye, mahāmahā
śrī cakra nagara sāmrājñi namaste namaste namaste namaḥ |

iti śrīvāmakeśvara tantre umā maheśvara saṃvāde śrīdevī khaḍgamālā stotra ratnam |
śrī guru caraṇārpaṇamastu

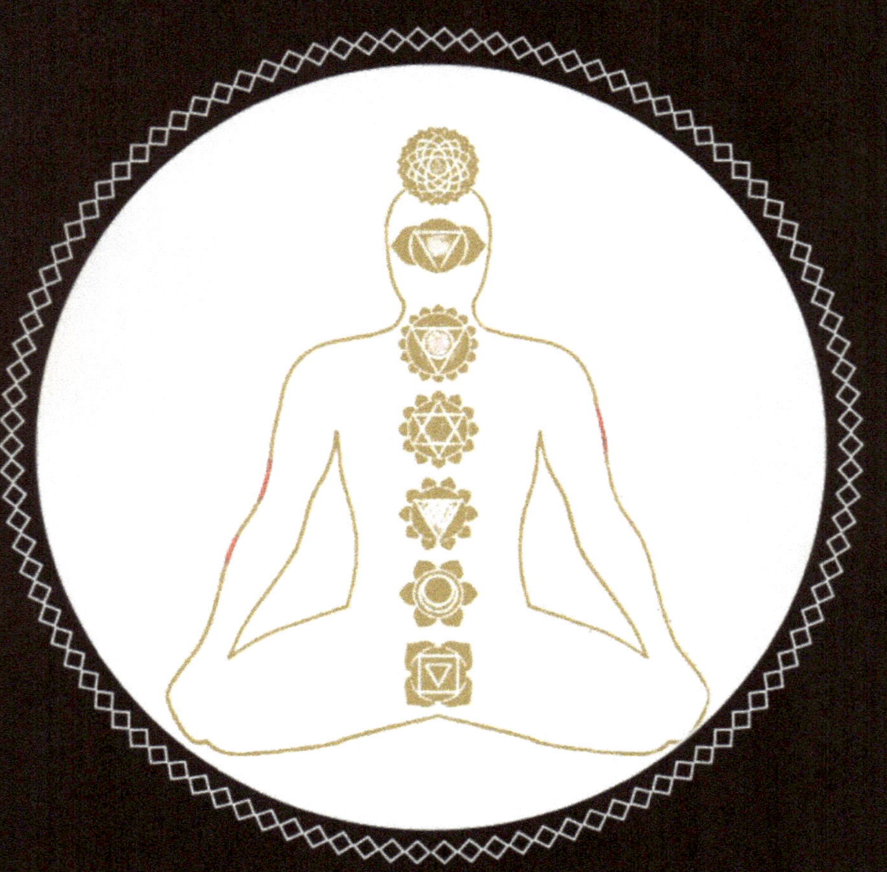

PART - 3

ANTARYAGA

ANTARYAGA KRIYA

(INTERNAL RITUALS)

Bhuta Shuddhi

Preparation:

Begin by focusing on the purification of the five elements within your body through the first five chakras.

Muladhara to Sahasrara:

Close the **left nostril** and **inhale** through the **right nostril**. Visualize the life force rising from the Muladhara (root chakra) to the Sahasrara (crown chakra), merging with Shiva. Chant the **'HUM'** Beej Mantra.

Vayu (Air) Purification:

Exhale through the **left nostril** while **closing** the **right nostril**. Close the right nostril and **inhale** through the **left nostril**. Chant the **YAM Beej** Mantra **16 times**, imagining the wind drying up the mortal body with its unfulfilled desires.

Exhale through the **right nostril** while **closing** the **left nostril**.

Agni (Fire) Purification:

Close the **left nostril** and **inhale** through the **right nostril**. Chant the **RAM Beej Mantra** 16 times, visualizing the fire burning the mortal body and turning it into ashes. **Exhale** through the **left nostril** while closing the **right nostril**.

Jala (Water) Purification:

Close the **right nostril** and inhale through the **left nostril**. Chant the **VAM Beej Mantra** 16 times, imagining water sprinkled on the ashes, forming a ball. Exhale through the **right nostril** while closing the **left nostril**.

Prithvi (Earth) Purification:

Close the **left nostril** and **inhale** through the **right nostril**. Chant the **LAM Beej Mantra 16 times**, visualizing the **ball of ashes** transforming into a **golden, divine body**. **Exhale** through the left nostril while closing the right nostril.

Revitalization:
Chant **HANSAH SOHAM 16 times** while closing the **right nostril** and inhaling through the **left nostril**. Imagine your soul descending from **Shiva** into the **Muladhara**, forming a new divine body. With each **inhale and exhale**, visualize the divine body expanding to encompass the entire subtle body. Meditate on the form of **Hiranyagarbha (golden womb)**, revitalizing the **elements of sky, air, fire, water, and earth**, and reviving the gross body. Thus you have purified all elements of your gross and subtle body.

Atma Prana Pratishtha

With **Ankush Mudra**, draw **Pranic energy** from the universe and channel it into the new body using **Tattva Mudra**, reciting the specified mantra. Use **Tattva Mudra** to establish your soul, aligning your consciousness with divine energies.

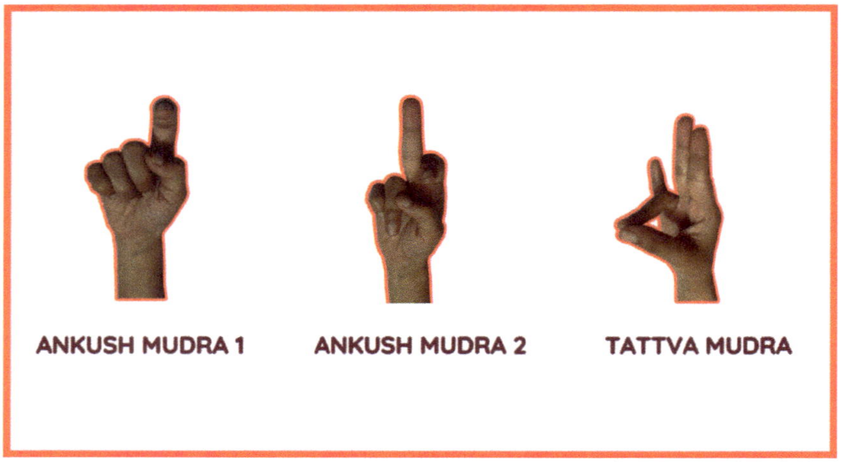

1. ***om āṃ Hreem kroṃ yaṃ, raṃ laṃ vaṃ saṃ śaṃ ṣa haṃ haṃsa: soham mama jīvaḥ iha sthitā:***
Om, with the energies of āṃ, Hreem, and kroṃ, and the elements yaṃ (air), raṃ (fire), laṃ (earth), vaṃ (water), śaṃ (ether), ṣa (mind), haṃ (ego), I invoke the divine energies within me, affirming 'soham' (I am That). May my soul reside here in this purified form."
2. ***om āṃ Hreem kroṃ yaṃ, raṃ laṃ vaṃ saṃ śaṃ ṣa haṃ haṃsa: soham, mama sarva indriyāṇi iha sthitāni:***
"Om, with the energies of āṃ, Hreem, and kroṃ, and the elements yaṃ, raṃ, laṃ, vaṃ, śaṃ, ṣa, haṃ, I invoke the divine energies within me, affirming 'soham.' May all my senses be established here in this purified form."

3. ***om āṃ Hreem kroṃ yaṃ, raṃ laṃ vaṃ saṃ śaṃ ṣa haṃ haṃsa: soham, mama vāṅga, manah cakṣu, śrotra, tvak, ghrāṇa, prāṇa, iha āgatyaṃ sukhaṃ ciram tiṣṭhantu svāhā:***
"Om, with the energies of āṃ, Hreem, and kroṃ, and the elements yaṃ, raṃ, laṃ, vaṃ, śaṃ, ṣa, haṃ, I invoke the divine energies within me, affirming 'soham.' May my speech, mind, eyes, ears, skin, nose, and life force come here and reside comfortably and permanently in this purified form, svāhā."

Or place the right palm on the heart and chant the following mantra three times.

om aiṃ Hreem śrīṃ āṃ śrīṃ soham

After this, **Pranayama** is done three, ten or sixteen times with the **mool mantra**.

Vighnotsaranama (Removing Inner Obstacles)

1. Raise the kundalini to meet Shiva in the Sahasrara and bring it back to the Muladhara.
2. Strike the left heel on the left side of the seat three times. Clap three times. Look around sharply to drive away all evil spirits in space.

Matrika Nyas

Purpose:

The practice of Matrika Nyasa is believed to destroy all sins and aligns the practitioner's body with the subtle form of Parashakti, the supreme energy.

Significance:

This contemplation is crucial in performing all Nyasas, as it connects the physical body with divine consciousness.

Bahyamatrika Nyasa:

Involves pronouncing each of the fifty Sanskrit alphabets while touching various external parts of the body with the fingertips. This process maps the letters onto different body parts, symbolizing the embodiment of divine sound.

Antarmatrika Nyasa:

Involves contemplating the same fifty letters within the six mental chakras, from Muladhara to Ajna. This internal visualization aligns the subtle energy centers with the divine vibrations of the alphabet, enhancing spiritual awareness and purification.

Rishyadi Nyasa

asya śrīmātṛkā nyāsa mahā mantrasya brahmā ṛṣiḥ | gāyatrī chandaḥ| śrīmātṛkā sarasvatī devatā | halbhyo bījebhyo namaḥ | svarebhyaḥ śaktibhyo namaḥ | bindubhyo kīlakebhyo namaḥ | mama śrī vidyā aṅgatvena nyāse viniyogaḥ

1. **Rishi**: - Touch the top of the forehead with the right hand
2. **Chhandah**: - Place your right hand on your mouth but lips should not be touched.
3. **Devata**: - Touch the heart (chakra) with your right hand.
4. **Bijam:** - Touch the right shoulder with the right hand.
5. **Shakti:** - Touch the left shoulder with the right hand.
6. **Kilkam:** Touch the navel with the fingertips of the right hand.

Kara Nyasa

1. ***(āiṃ, Hreem śrīṃ) (āiṃ, kliṃ, sauḥ) aṃ kaṃ khaṃ gaṃ ghaṃ aṃ āṃ anguṣṭhabhyāma namaḥ***
   Use both the index fingers and run them over both the thumbs.
2. ***(āiṃ, Hreem śrīṃ) (āiṃ, klīṃ, sauḥ) iṃ caṃ chaṃ jaṃ jhaṃ nṃ iṃ ṭarjanībhyāṃ namaḥ.***
   Use both thumbs and run them over both index fingers.

3. ***(āiṃ, Hreem śrīṃ) (āiṃ, klīṃ, sauḥ) uṃ ṭaṃ ṭhaṃ ḍaṃ ḍhaṃ ṇaṃ ūṃ Madhyam-abhyaam Namah.***
   Both thumbs on the middle fingers.
4. ***(āiṃ, Hreem śrīṃ) (āiṃ, klīṃ, sauḥ) eṃ taṃ thaṃ daṃ dhaṃ naṃ aiṃ anamik-abhyaam Namah.***
   Both thumbs on ring fingers.
5. ***(āiṃ, Hreem śrīṃ)(āiṃ, klīṃ, sauḥ) oṃ paṃ phaṃ baṃ bhaṃ maṃ auṃ Kanishtik-abhyaam Namah***
   Both the thumbs on the little fingers.
6. ***(āiṃ, Hreem śrīṃ) (āiṃ, klīṃ, sauḥ) aṃ yaṃ raṃ laṃ baṃ śaṃ ṣaṃ saṃ haṃ lṃ kṣaṃ aḥ kartala kara pṛṣṭhabhyāṃ namaḥ.***
   Open both the palms, touch the open palms of the right hand to the base and back of the left palm and repeat the same for the other palm.

Hridyadi Nyas

1. ***(aiṃ, Hreem śrīṃ) (aiṃ, klīṃ, sauḥ) aṃ kaṃ khaṃ gaṃ ghaṃ ṅaṃ āṃ hṛdayāya namaḥ***
   Touch the heart chakra with your right hand.
2. ***(aiṃ, Hreem śrīṃ) (aiṃ, klīṃ, sauḥ) iṃ caṃ chaṃ jaṃ jhaṃ ñaṃ īṃ śirase svāhā***
   Touch the forehead with your right hand.
3. ***(aiṃ, Hreem śrīṃ) (aiṃ, klīṃ, sauḥ) uṃ ṭaṃ ṭhaṃ ḍaṃ ḍhaṃ ṇaṃ ūṃ śikhāyai vaṣaṭ***
   Touch your crown head with your right hand.
4. ***(aiṃ, Hreem śrīṃ) (aiṃ, klīṃ, sauḥ) eṃ taṃ thaṃ daṃ dhaṃ naṃ aiṃ kavacāya huṃ***
   Cross both the hands and touch the shoulders.
5. ***(aiṃ, Hreem śrīṃ) (aiṃ, klīṃ, sauḥ) oṃ paṃ phaṃ baṃ bhaṃ maṃ auṃ netratrayāya vauṣaṭ***
   (Open the index, middle and ring fingers of the right hand; touch both eyes with the index and ring fingers and touch the point between the eyebrows (Ajna Chakra) with the middle finger.)
6. ***(aiṃ, Hreem śrīṃ) (aiṃ, klīṃ, sauḥ) aṃ yaṃ raṃ laṃ baṃ śaṃ ṣaṃ saṃ haṃ lṃ kṣaṃ aḥ astrāya phaṭ***
   Using the thumb and middle fingers of the right hand, pinch around the head in a clockwise direction)

Bhūr bhuvah suvah om īti digbandhḥ

Dhyanam

pañcāśad varṇa bhedaiḥ vihita vadanadoḥ pādayu kukṣi vakṣo
deśāṃ bhāsvat kapardā kalita śaśikalām indu kundā vadātām|
Akṣasrak kumbha cintā likhita varakarāṃ śrī kṣaṇāmabjasaṃsthām
acchā kalpāma tuccha stana jaghanabharāṃ bhāratīṃ tāṃ namāmi||

Meaning of Shloka - "I salute Bharati, the goddess of speech and learning, who is adorned with the fifty letters of the Sanskrit alphabet, from her face to her feet, waist, and chest. Her hair is radiant, adorned with the crescent moon and jasmine flowers, and she wears a garland of pearls. Her hands hold a rosary, a water pot, and a stylus, and she is seated on a lotus. Her fish-like eyes are captivating, and her breasts and hips are full and beautiful. I bow to her, the embodiment of knowledge and eloquence."

Panch Upchar Puja

1. ***laṃ - pṛthivyātmikāyai gandhaṃ samarpayāmi|***
2. ***haṃ - ākāśātmikāyai puṣpaiḥ pūjayāmi|***
3. ***yaṃ - vāyvātmikāyai dhūpamāghrāpayāmi|***
4. ***raṃ - agnyātmikāyai dīpaṃ darśayāmi|***
5. ***vaṃ - amṛtātmikāyai amṛtaṃ mahānaivedyaṃ nivedayāmi|***
6. ***saṃ - sarvātmikāyai sarvopacāra pūjām samarpayāmi||***

Bahirmatrikanyasa

Note - Tritari and Bala mantras should be chanted before each letter and Namah Hansah should be chanted at the end.
Example - ***aiṃ Hreem śrīṃ aiṃ klīṃ sauḥ aṃ namaḥ haṃsaḥ.***

S. No.	Sound	Body Part
1	am	Head
2	ām	Encircle Face
3	im	Right eye
4	īm	Left eye
5	um	Right ear
6	ūm	Left ear
7	rum	Right nostril
8	rūm	Left nostril
9	lrum	Right cheeks
10	lrūm	Left cheeks
11	em	Upper lips
12	aim	Lower lips
13	om	Upper teeth
14	aum	Lower teeth
15	am	Tip of the tongue
16	aḥ	Throat
17	kam	Right shoulder

18	kham	Right elbow
19	gam	Right wrist
20	gham	Bottom of right fingers
21	ṅam	Tip of right fingers
22	cam	Left shoulder
23	cham	Left elbow
24	jam	Left wrist
25	jham	Bottom of left fingers
26	ñam	Tip of right fingers
27	ṭam	Right thigh joint
28	ṭham	Right knee
29	ḍam	Right ankle
30	ḍham	Bottom of right toes
31	ṇam	Tip of toes
32	tam	Left thigh joint
33	tham	Left knee
34	dam	Left ankle
35	dham	Bottom of left toes
36	nam	Tip of left toes
37	pam	Right side
38	pham	Left side
39	bam	Back
40	bham	Navel
41	mam	Lower abdomen
42	yam	Heart
43	ram	Right armpit
44	lam	Back of the neck
45	vam	Left armpit
46	śam	Run left hand fingers from heart to

		right fingertips
47	ṣam	Run right hand fingers from heart to left fingertips
48	sam	Run left hand fingers from heart to right toe
49	ham	Run right hand fingers from heart to left toe
50	ḻam	Run both hand fingers from waist to toes
51	kṣam	Run both hand fingers from waist to head

Antarmatrika Nyas

S. No.	Sound	Chakra
1	am	
2	ām	
3	im	
4	īm	
5	um	
6	ūm	
7	rum	
8	rūm	
9	lrm	
10	lrm	
11	em	
12	aim	
13	om	
14	aum	Throat area Vishuddhi Chakra 16 petals

15	am	
16	aḥ	
18	kham	Heart Anahat Chakra 12 petals
19	gam	
20	gham	
21	ṅam	
22	cam	
23	cham	
24	jam	
25	jham	
26	ñam	
27	ṭam	
28	ṭham	

29	ḍam	
30	ḍham	
31	ṇam	
32	tam	
33	tham	
34	dam	
35	dham	
36	nam	
37	pam	
38	pham	Navel Manipurak

39	bam	Bottom bone of spine Swadhisthana Chakra 6 petals
40	bham	
41	mam	
42	yam	
43	ram	
44	lam	
45	vam	Muladhara Muladhara Chakra 4 petals
46	śam	
47	ṣam	
48	sam	
49	ham	Eyes Eyebrow center Ajna Chakra 2 petals
50	kṣam	

śrī guru caraṇārpaṇamastu

KARSHUDDHI ADI NYASA

Kara shuddhi (Energizing the hands) Nyasa

The Nyasa practice involves placing sacred syllables on the palms and fingers to enhance spiritual connection. It is performed in two ways: on the palms, using the opposite hand, and on the fingers, following the Kara Nyasa procedure. This practice employs three Beejaksharas; ***aṃ āṃ***, and ***sauḥ***—each representing specific divine energies, to facilitate energy flow and spiritual alignment.

Palms

1. ***(aiṃ, Hreem, śrīṃ) aṃ namaḥ*** – Move the fingers of the left hand on the right palm
2. ***(aiṃ, Hreem, śrīṃ) āṃ namaḥ***– Move the fingers of the left hand on the back of the right palm
3. ***(aiṃ, Hreem, śrīṃ) sauḥ namaḥ*** – Move the fingers of the left hand on the sides of the right palm
4. ***(aiṃ, Hreem, śrīṃ) aṃ namaḥ*** – Move the fingers of the right hand on the left palm
5. ***(aiṃ, Hreem, śrīṃ) āṃ namaḥ*** – Move the fingers of the right hand on the left palm
6. ***(aiṃ, Hreem, śrīṃ) sauḥ namaḥ*** – Move the fingers of the right hand on both sides of the left palm

Fingers

1. *(**aiṃ, Hreem, śrīṃ) aṃ namaḥ – madhyamo*** (Middle finger)
2. ***(aiṃ, Hreem, śrīṃ) āṃ namaḥ – anāmikayo*** (Ring Finger)
3. ***(aiṃ, Hreem, śrīṃ) sauḥ namaḥ – kaniṣṭhikayoḥ*** (Little Finger)
4. ***(aiṃ, Hreem, śrīṃ) aṃ namaḥ – aṅguṣṭhayoḥ*** (Thumb)
5. *(**aiṃ, Hreem, śrīṃ) āṃ namaḥ – tarjanyoḥ*** (Index Finger)

Atma Raksha Nyasa

Place both hands in Anjali Mudra near the heart and chant the following.

(aiṃ, Hreem, śrīṃ) (aiṃ, klīṃ, sauḥ) śrī mahātripurasundari ātmānaṃ rakṣa rakṣa

Bala Shadang Nyasa

Bala Shadang Nyasa is performed by establishing the mantras of Bala in your limbs.

1. ***(aiṃ, klīṃ, sauḥ) aiṃ* - hrdayāya namaḥ**
   Touch the heart chakra with your right hand.
2. ***(aiṃ, klīṃ, sauḥ) klīṃ - śirase svāhā***
   Touch the top of the forehead with your right hand.
3. ***(aiṃ, klīṃ, sauḥ) sauḥ- śikhāyai vaṣaṭ***
   Touch the crown chakra with your right hand.
4. ***(aiṃ, klīṃ, sauḥ) aiṃ - kavacāya huṃ***
   Cross both hands and touch the shoulders.
5. ***(aiṃ, klīṃ, sauḥ) klīṃ*- netratrayāya vauṣaṭ**
   Touch both eyes with the index and ring fingers and touch the third eye with the middle finger.
6. ***(aiṃ, klīṃ, sauḥ) sauḥ - astrāya phaṭ***
   Snap the fingers in clockwise direction on the top of the head)

Chatur asana nyasa

1. ***(aiṃ, klīṃ, sauḥ) Hreem klīṃ sauḥ devyātma āsanāya namaḥ*** | Touch the feet with the right hand
2. ***(aiṃ, klīṃ, sauḥ) haiṃ hklīṃ hsauḥ śrīcakra āsanāya namaḥ*** **|** Touch the knees with the right hand.
3. ***(aiṃ, klīṃ, sauḥ) hsaiṃ hsklrīṃ hssauḥ sarvamantra āsanāya namaḥ*** | Touch the upper thigh with the right hand
4. ***(aiṃ, klīṃ, sauḥ) Hreem klīṃ bleṃ sādhyasiddha āsanāya namaḥ*** | Touch the base of the spine mentally.

Vagdevata Nyasa

These are the eight Vagdevis who composed Lalita Sahasranama. Touch the body parts with Tattva. Mudra.

1. ***(aiṃ, klīṃ, sauḥ) aṃ āṃ iṃ īṃ uṃ ūṃ ṛṃ ṛṃ lṛṃ ḷṛṃ eṃ aiṃ oṃ auṃ aṃ aḥ namaḥ blūṃ vaśini vāg devatāyai namaḥ*** | Focus on the head - Sahasrara
2. ***(aiṃ, klīṃ, sauḥ) kaṃ khaṃ gaṃ ghaṃ ṅaṃ klHreem kāmeśvarī vāg devatāyai namaḥ* |**
   Concentrate on the forehead - Manas Chakra, which is just above the Ajna Chakra

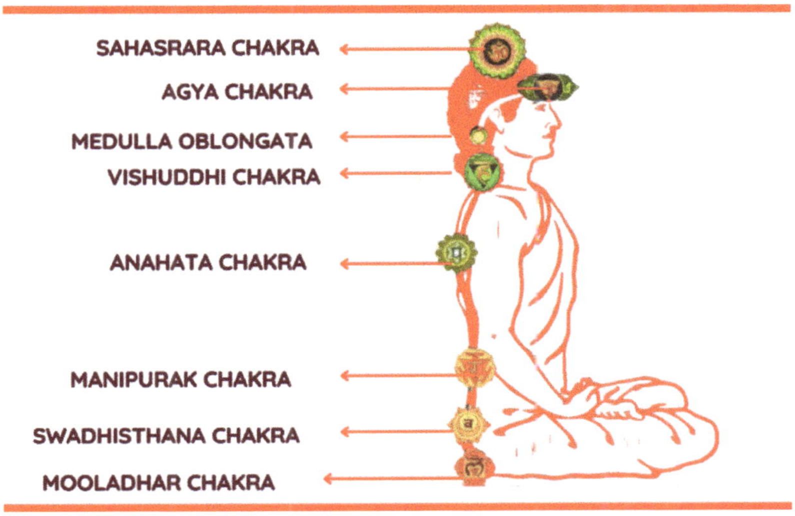

3. ***(aiṃ, klīṃ, sauḥ) caṃ chaṃ jaṃ jhaṃ ñaṃ nvlīṃ modinī vāg devatāyai namaḥ |***
   Concentrate on the center of the eyebrows - Ajna Chakra
4. ***(aiṃ, klīṃ, sauḥ) ṭaṃ ṭhaṃ ḍaṃ ḍhaṃ ṇaṃ ylūṃ vimalā vāg devatāyai namaḥ***
   Focus on the neck - Vishuddhi Chakra
5. ***(aiṃ, klīṃ, sauḥ) taṃ thaṃ daṃ dhaṃ naṃ jmrīṃ aruṇā vāg devatāyai namaḥ***
   Focus on the heart - Anahata Chakra
6. ***(aiṃ, klīṃ, sauḥ) paṃ phaṃ baṃ bhaṃ maṃ hslvyūṃ jayinī vāg devatāyai nama***
   Focus on the Navel - Manipuraka Chakra
7. ***(aiṃ, klīṃ, sauḥ) yaṃ raṃ laṃ vaṃ jhmryūṃ sarveśvarī vāg devatāyai namaḥ***
   Focus below the navel - Swadhisthana Chakra
8. ***(aiṃ, klīṃ, sauḥ) śaṃ ṣaṃ saṃ haṃ lṃ kṣaṃ kṣmrīṃ kaulinī vāg devatāyai namaḥ***
   Muladhara Chakra

Bahischakra Nyas

1. ***(aiṃ, klīṃ, sauḥ) aṃ āṃ sauḥ catura trayātmaka mohanacakra adhiṣṭhātryai aṇimādy aṣṭāviṃśati śakti sahita prakaṭa yoginī rūpāyai tripurā devyai namaḥ (pādayoḥ)***
   Meditation on Feet – I meditate on the Trailokya Mohan Chakra with the manifested Yoginis, the 28 Siddhis Anima etc. and pay obeisance to Tripura Devi.

2. ***(aiṃ, klīṃ, sauḥ) aiṃ klīṃ sauḥ ṣoḍaśadala padmātmaka sarva āśāparipūraka cakra adhiṣṭhātryai kāmākarṣiṇyādi ṣoḍaśa śakti sahita gupta yoginī rūpāyai tripureśvarī devyai nama: (jānvoḥ)***
   Concentrate on the thighs (aiṃ, klīṃ, sauḥ) : I meditate on the secret yoginis, Kamakarshini etc., the 16 petaled lotus chakra known as the Sarvashapuraka Chakra. and pay my obeisance to Goddess Tripureshvari.

3. ***(aiṃ, klīṃ, sauḥ) Hreem klīṃ sauḥ aṣṭadala padmātmaka sarva saṃkṣobhaṇa cakra adhiṣṭhātryai anaṅgakusumādy aṣṭa śakti sahita guptataram yoginī rūpāyai tripurasundarī devyai namaḥ (ūrumūlayoḥ)***
   Focus on the joints of the thighs - Hreem klīṃ sauḥ, I meditate on the eight-petaled lotus-shaped Sarva sankshobhana chakra. With the secret Yoginis and the Anangakusuma, etc. Siddhis, I bow to the Tripura Sundari Devi.

4. ***(aiṃ, klīṃ, sauḥ) haiṃ hklīṃ hasauḥ catur daśārātmaka sarva saubhāgya dāyaka cakra adhiṣṭhātryai sarva saṃkṣobhiṇyādi caturdaśar śakti sahita sampradāya yoginī rūpāyai tripuravāsinī devyai namaḥ (nābhau)***
   Focus on the navel - haiṃ hklīṃ hasauḥ, I meditate on the 14-triangle Sarva saubhagyadayak chakra with the Sampradaya Yoginis, Sarva Sankshobini, etc. Siddhis, and I bow to the Tripura Vasini Devi.

5. ***(aiṃ, klīṃ, sauḥ) hsaiṃ hasklīṃ hassauḥ bahir daśār ātmaka sarvārtha sādhaka-cakra adhiṣṭhātryai sarvasiddhi pradādi daśa śakti sahita kulotirṇa yoginī rūpāya tripurāśrī devyai namaḥ (hṛdaye)***

Focus on the heart - Hsaim Haskleem Hassauh, I meditate on the ten triangles Sarvartha Sadhaka chakra with the supreme Kulayoginis, Sarva Siddhiprada, etc. Siddhis, and I bow to Tripurasri Devi.

6. ***(aiṃ, klīṃ, sauḥ) Hreem klīṃ bleṃ antar daśār ātmaka sarva rakṣākara cakra adhiṣṭhātryai sarvajñādi daśa śakti sahita nigarbha yoginī rūpāyai tripuramālinī devyai namaḥ (kaṇṭhe)***
Focus on the throat - Hreem Kleem Blem, I meditate on the inner ten triangle Sarvarakshakara chakra with the Nigarbha Yoginis, Sarvajna, etc. Siddhis, and I bow to the Tripuramalini Devi.

7. ***(aiṃ, klīṃ, sauḥ) Hreem śrīṃ sauḥ aṣṭāratmaka sarva rogahara cakra adhiṣṭhātryai vaśinyādy aṣṭa śakti sahita rahasya yoginī rūpāyai tripurāsiddhā devyai namaḥ (mukhe)***
Focus on the mouth - Hreem Shreem Sauh- I meditate on the eight-triangle Sarva Rogahara chakra with the secret **Yoginis, Vashini**, etc. Siddhis, and I bow to the **Tripura Siddha Devi**.

8. ***(aiṃ, klīṃ, sauḥ) hsraiṃ hasklrīṃ hasrauḥ trikoṇātmaka sarva siddhiprada cakra adhiṣṭhātryai kāmeśavaryādi triśakti sahita atirahasya yoginī rūpāyai tripurāmbādevyai namaḥ (netrayoḥ)***
Focus on the eyes - Hsrain Haskleem Hasrauh: I meditate on the triangle Sarva Siddhiprada chakra with the Atirahasya Yoginis, etc., and I bow to the Tripuraamba Devi.

9. ***(aiṃ, klīṃ, sauḥ) (pañcadaśī) bindu ātmaka sarva ānandamaya cakra adhiṣṭhātryai ṣaḍaṃga āyudha daśa śakti sahita parāparātirahasyayoginīrūpāyai mahātripurasundarīdevyai namaḥ (mūrdhani)***
Focus on the top of the head - Panchadashi, I meditate on the bindu formed Sarva Anandamaya chakra with the supreme secret Yoginis, etc., and I bow to the Maha Tripura Sundari Devi.

Antaschakra Nyasa

1. ***(aiṃ, klīṃ, sauḥ) aṃ āṃ sauḥ catura: trayātmaka mohanacakra adhiṣṭhātryaivaṇimādyaṣṭāviṃśati*** **śakti sahita prakaṭa yoginī rūpāyai tripurā devyai namaḥ**
Focus on the Adhasahasrara chakra (between the Muladhara and the base) - Aim Kleem Sauh, I meditate on the Trailokya Mohana chakra. With the Prakata Yoginis and the 28 Siddhis including Anima, etc., I bow to the Tripura Devi.

2. ***(aiṃ, klīṃ, sauḥ) aiṃ klīṃ sauḥ ṣoḍaśadala padmātmaka sarvaāśāparipūraka- cakra adhiṣṭhātryai kāmākarṣiṇyādi ṣoḍaśa śakti sahita gupta yoginī rūpāyai tripureśvarī devyai namaḥ***

Focus on the Vishu chakra (below the Adhasahasrara and the Muladhara) - Aim Kleem Sauh, I meditate on the sixteen-petaled lotus-shaped Sarvashaparakapurak chakra. With the Gupta Yoginis, Kamakarshini, and other 16 Siddhis, I bow to the Tripureshwari Devi.

3. ***(aiṃ, klīṃ, sauḥ) Hreem klīṃ sauḥ aṣṭadala padmātmaka sarva sankṣobhaṇa cakra adhiṣṭhātryai anaṅga kusumādy aṣṭa śakti sahita guptatara yoginī rūpāyai tripurasundarī devyai namaḥ***
Focus on the Muladhara chakra - Hreem Kleem Sauh, I meditate on the eight petaled lotus-shaped Sarvasankshobhana chakra. With the Guptatara Yoginis, Ananga kusuma, and other 8 Siddhis, I bow to the Tripura Sundari Devi.

4. ***(aiṃ, klīṃ, sauḥ) haiṃ hklīṃ hasauḥ catur daśārātmaka sarva saubhāgya dāyak-acakra adhiṣṭhātryai sarvasankṣobhiṇi ādi caturdaśa śakti sahita sampradāya yoginī rūpāyai tripuravāsinī devyai namaḥ***
Focus on the Swadhisthana chakra - Hain Hakleem Hasauh, I meditate on the fourteen-triangle Sarvasaubhagya chakra. With the Sampradaya Yoginis, Sarva Sankshobini, and other 14 Siddhis, I bow to the Tripura Vasini Devi.

5. ***(aiṃ, klīṃ, sauḥ) hsaiṃ hasklīṃ hassauḥ bahirdaśārātmaka sarvārthasādhaka-cakra adhiṣṭhātryai sarva siddhiprad ādi daśa śakti sahita kulotirṇa yoginī rūpāya tripurā śrīdevyai namaḥ***
Focus on the Manipura chakra - Hsain Haskleem Hassauh, I meditate on the ten triangle Sarvartha Sadhaka chakra. With the supreme Kulayoginis, Sarva Siddhiprada, and other 10 Siddhis, I bow to the Tripura Shri Devi.

6. ***(aiṃ,klīṃ,sauḥ) Hreem klīṃ bleṃ antar daśār ātmaka sarva rakṣākara cakra adhiṣṭhātryai sarvajñādi daśa śakti sahita nigarbha yoginī rūpāyai tripuramālinī devyai namaḥ***
Focus on the Anahata chakra - Hreem Kleem Blem, I meditate on the inner ten triangle Sarva rakshakara chakra. With the Nigarbha Yoginis, Sarvajna, and other 10 Siddhis, I bow to the Tripura Malini Devi.

7. ***(aiṃ, klīṃ, sauḥ) Hreem śrīṃ sauḥ aṣṭāratmaka sarva rogahara cakra adhiṣṭhātryai vaśinyādy aṣṭa śakti sahita rahasya yoginī rūpāyai tripurā siddhā devyai namaḥ***
Focus on the Vishuddhi chakra - Hreem Shreem Sauh, I meditate on the eight triangle Sarvarogahara chakra. With the secret Yoginis, Vashini, and other 8 Siddhis, I bow to the Tripura Siddha Devi.

8. ***(aiṃ, klīṃ, sauḥ) hsraiṃ hasklrīṃ hasrauḥ trikoṇātmaka sarvasiddhiprada cakra adhiṣṭhātryai kāmeśavaryādi triśakti sahita atirahasya yoginī rūpāyai tripurāmbā devyai namaḥ***
Focus on the Lambika (Medulla) chakra - Hsrain Haskleem Hasrauh, I meditate on the single triangle Sarva Siddhiprada chakra. With the Atirahasya Yoginis and other 3 Siddhis, I bow to the Tripura Amba Devi.

9. ***(aiṃ, klīṃ, sauḥ) (pañcadaśī) bindu ātmaka sarva ānandamaya cakra adhiṣṭhātryai ṣaḍanga āyudha daśa śakti sahita parāparāti rahasya yoginī rūpāyai mahātripurasundarī devyai namaḥ***
   Focus on the Ajna chakra - Panchadashi, I meditate on the bindu seat of Sarva Anandamaya chakra. With the supreme secret Yoginis, other 6 Siddhis, and Ayudha, I bow to the Maha Tripura Sundari Devi.

Now meditate on the centers located above the Ajna chakra placed one finger apart.

1. ***aṃ āṃ sauḥ namaḥ (bindau)***
2. ***aiṃ klīṃ sauḥ namaḥ (ardhacandra)***
3. ***Hreem klīṃ sauḥ namaḥ (rodhinyāṃ)***
4. ***hai hklīṃ hasau: namaḥ (nāde)***
5. ***hasai hasklīṃ hassauḥ namaḥ (nādānte)***
6. ***Hreem klīṃ bleṃ namah (śakto)***
7. ***Hreem śrīṃ sauḥ namaḥ (vyāpikāyāṃ)***
8. ***hsraiṃ hasklrīṃ hasrauḥ namah (samana)***
9. ***Panchdashi namah (unmana)***
10. ***Shodashi namah (Bramhrandhre - mahabindu)***

śrī guru caraṇārpaṇamastu

PART - 4

MAHA GANAPATI

ஸ்ரீவல்லபகணபதி

MAHA GANAPATI SADHANA

Viniyoga

om asya śrī mahā gaṇapati mantrasya gaṇaka ṛṣih nicṛd gāyatrī cchandah mahāgaṇapatih devatā gaṃ bījaṃ svāhā śaktiḥ glauṃ kīlakaṃ mama śrī mahā gaṇapati prasāda siddhyarthe jape viniyogaḥ

Rishiyadi Nyas

1. ***gaṇaka ṛṣaye namaḥ*** (Forehead)
2. ***nicṛd gāyatrī chandase namaḥ*** (Mouth)
3. ***mahā gaṇapati devatāyai namaḥ*** (Heart)
4. ***gaṃ bījāya namaḥ*** (Base of the spine - Mooladhara)
5. ***svāhā śaktaye namaḥ*** (Feet)
6. ***glauṃ kīlakāya namaḥ*** (nābhau) (Abdomen)
7. ***mahā gaṇapati prasāda siddhyarthe jape viniyogāya namaḥ*** (Whole body)

Kara Nyasa

1. ***om śrīṃ Hreem klīṃ glauṃ gāṃ anguṣṭhābhyāṃ namaḥ*** (Thumb)
2. ***om śrīṃ Hreem klīṃ glauṃ gīṃ tarjanībhyāṃ namaḥ*** (Index)
3. ***om śrīṃ Hreem klīṃ glauṃ gūṃ madhyamābhyāṃ namaḥ*** (Middle)
4. ***om śrīṃ Hreem klīṃ glauṃ gaiṃ anāmikābhyāṃ namaḥ*** (Ring)
5. ***om śrīṃ Hreem klīṃ glauṃ gauṃ kaniṣthikābhyāṃ namaḥ*** (Little)
6. ***om śrīṃ Hreem klīṃ glauṃ gaḥ karatala karapṛṣṭhābhyāṃ namaḥ*** (Palms)

Hridyadi Nyas

1. ***om śrīṃ Hreem klīṃ glauṃ gāṃ hṛdayāya namaḥ*** (Heart)
2. ***om śrīṃ Hreem klīṃ glauṃ gīṃ sirase svāhā*** (Forehead)
3. ***om śrīṃ Hreem klīṃ glauṃ gūṃ śikhāyai vaṣaṭ*** (Crown of Head)
4. ***om śrīṃ Hreem klīṃ glauṃ gaiṃ kavacāya hum*** (Shoulders)
5. ***om śrīṃ Hreem klīṃ glauṃ gauṃ netra trayāya vauṣaṭ*** (Eyes and third eye)
6. ***om śrīṃ Hreem klīṃ glauṃ gaḥ astrāya phaṭ*** (Snap the fingers over the head)

Dhyan Mantra

gajānanaṃ bhūtagaṇādi sevitaṃ
kapittha jambūphalasāra bhakṣitam|
umāsutaṃ śoka vināśakāraṇaṃ
namāmi vighneśvara pādapaṅkajam||

Translation: *"I bow down to the lotus feet of Bhagavan Ganesha, who has the face of an elephant, is worshipped by all beings, consumes the essence of kapittha and jambu fruits, is the son of Uma, and is the remover of all obstacles."*

Mantra

om śrīṃ Hreem klīṃ glauṃ gaṃ gaṇapataye
vara varada sarva jana me vaśamānaya svāhā |

Total Mala Count for Siddhi

1400 Malas
Conclude with homam, tarpana, marjana, donation to Guru & charity to the needy.

Glories of Mahaganapati

Mahaganapati is depicted with ten arms, symbolizing his immense power and ability to perform multiple tasks simultaneously. His complexion is red, representing his dynamic and active nature. He has the head of an elephant, a distinctive feature of Ganesha, which symbolizes wisdom and intelligence. Mahaganapati holds the following symbols and weapons in his ten hands:

1. **Lotus:** Represents the inner purity and spiritual elevation of the seeker.
2. **Pomegranate:** Symbolizes prosperity and abundance. The many seeds in this fruit signify numerous possibilities and success.
3. **Mace:** Represents power and control. This weapon signifies the ability to maintain order and rules.
4. **Discus (Chakra):** Symbolizes the cycle of life and death. The discus in Mahaganapati's hand shows his ability to balance life's cycles.
5. **Broken Tusk:** Represents sacrifice and renunciation. It shows that Mahaganapati broke his tusk to write the Mahabharata, symbolizing his sacrifice.
6. **Noose (Pasha):** Symbolizes the binding and control of desires and negative forces. It represents Mahaganapati's ability to guide devotees on the right path.
7. **Pot Filled with Gems**: Represents prosperity and fulfillment.
8. **Blue Lotus:** Symbolizes spiritual awakening and purity. It is for devotees on the spiritual path.
9. **Rice Bundle:** Represents prosperity and nourishment. It signifies prosperity and security. The rice bundle in Mahaganapati's hand shows his ability to provide nourishment and security to devotees.
10. **Sugarcane:** Symbolizes joy and sweetness in life. It represents the sweetness and happiness in life. The sugarcane bow in Mahaganapati's hand shows his ability to bring sweetness and joy to devotees' lives.

Symbolism

1. **Consort:** Mahaganapati is often depicted with his consort, Siddhi or Riddhi, who represents spiritual power and fulfillment. She is sometimes shown seated on his left lap.
2. **Vehicle:** His vehicle is a mouse, symbolizing the restless mind.
3. **Pose:** He is usually depicted seated, representing stability and connection to the earth.

śrī guru caraṇārpaṇamastu

PART - 5

VARAHI

Sivasubramanian

VARAHI SADHNA

Viniyoga

asya śrī mahāvārāhī mahāmantrasya śiva ṛṣiḥ jagatī chandaḥ śrī mahāvārāhī devatā glaum bījaṃ aim śaktiḥ ṭhaḥ ṭhaḥ ṭhaḥ ṭhaḥ kīlakaṃ śrī mahā vārāhī prasāda siddhyarthe jape viniyogaḥ ||

Kara Nyasa

1. ***aim glaum aim namo bhagavati vārtāli vārtāli aṅguṣṭhābhyaṃ namaḥ*** (Thumb)
2. ***vārāhi vārāhi tarjanībhyāṃ namaḥ*** (Index)
3. ***varāha mukhi varāha mukhi madhyamābhyāṃ namaḥ*** (Middle)
4. ***andhe andhini namaḥ anāmikābhyāṃ namaḥ*** (Ring)
5. ***rundhe rundhini namaḥ kaniṣṭikābhyāṃ namaḥ*** (Little)
6. ***jambhe jambhini namaḥ mohe mohini namaḥ stambhe stambhini namaḥ sarva duṣṭa praduṣṭānāṃ sarveṣāṃ sarva vāk citta cakṣur mukhagati jihvā stambhanaṃ kuru kuru śīghraṃ vaśyaṃ aim glaum ṭhaḥ ṭhaḥ ṭhaḥ ṭhaḥ hum karatalakara pṛṣṭhābhyāṃ namaḥ*** (Palms)

Hridyadi Nyasa

1. ***aim glaum aim namo bhagavati vārtāli vārtāli hṛdayāya namaḥ*** (Heart)
2. ***vārāhi vārāhi śirase svāhā*** (Forehead)
3. ***varāhamukhi varāhamukhi śikhāyai vaṣaṭ*** (Crown head)
4. ***andhe andhini namaḥ kavacāya huṃ*** (Shoulder)
5. ***rundhe rundhini namaḥ netratrayāya vauṣaṭ*** (Eyes and third eyes)
6. ***jambhe jambhini namaḥ mohe mohini namaḥ stambhe stambhini namaḥ sarva duṣṭa praduṣṭānāṃ sarveṣāṃ sarva vāk citta cakṣur mukhagati jihvā stam- bhanaṃ kuru kuru śīghraṃ vaśyaṃ aim glaum ṭhaḥ ṭhaḥ ṭhaḥ ṭhaḥ hum astrāya phaṭ*** (Snap fingers anticlockwise over your head)
7. ***bhūr bhuvah suvah om iti digbandhaḥ***

Dhyan

vande vārāha vaktrāṃ vara maṇimakuṭāṃ vidruma śrotrabhūṣām |
hārāgraiveya tuṅga stana bharanamitāṃ pītakaiśeya vastrām |
devīṃ dakṣodhva haste musalamathaparaṃ lāṅgalaṃ vā kapālam |
vāmābhyāṃ dhārayantīṃ kuvalaya kalitāṃ śyāmalāṃ suprasannām ||

Translation: *"I bow down to the goddess who has the face of a boar, is adorned with a crown of precious jewels and coral earrings, wears a necklace reaching down to her full breasts, and is clothed in yellow silk garments. In her right hand, she holds a pestle and other weapons, or a plow and a skull, and in her left hands, she holds lotuses. She is of dark complexion and ever-pleasing."*

Panchopachara Puja

1. ***laṃ - pṛthivya ātmikāyai gandhaṃ samarpayāmi*** | (Fragrance)
2. ***haṃ - ākāśa ātmikāyai puṣpaiḥ pūjayāmi*** | (Flowers)
3. ***yaṃ - vāyu ātmikāyai dhūpam āghrāpayāmi*** | (Incense)
4. ***raṃ - agni ātmikāyai dīpaṃ darśayāmi*** | (Lamp)
5. ***vaṃ - amṛta ātmikāyai amṛtaṃ mahā naivedyaṃ nivedayāmi*** | (Food)
6. ***saṃ - sarva ātmikāyai sarvopacāra pūjām samarpayāmi*** | (Everything)

112 Letter Mantra

aim glaum aim namo bhagavati vārtāli vārtāli
vārāhi vārāhi varāhamukhi varāhamukhi andhe andhini namaḥ
rundhe rundhini namaḥ jambhe jambhini namaḥ
mohe mohini namaḥ stambhe stambhini namaḥ
sarva duṣṭa praduṣṭānāṃ sarveṣāṃ sarva vāk citta cakṣuh
mukhagati jihvā stambhanaṃ kuru kuru
śīghraṃ vaśyaṃ aim glaum ṭhaḥ ṭhaḥ ṭhaḥ ṭhaḥ hum astrāya phaṭ

Raksha Manrtra

aim glaum ai vārāhī sarvato mām rakṣa rakṣa durge huṃ phaṭ svāhā
aiṃ namo bhagavatī tiraskāriṇī mahāmāye mahānidre sakala paśujana manaḥ cakṣuḥ
śrotra tiraskaraṇaṃ kuru kuru huṃ phaṭa svāhā

Swapna Varahi Mantra

om Hreem namo vārāhī ghore svapnaṃ ṭhaḥ ṭhaḥ svāhā

Laghu vartali

lṛṃ vārāhī lṛṃ unmata bhairavī padukābhyāṃ namaḥ

For wealth

klīṃ vārāhī Hreem siddhi svarūpiṇī śrīṃ dhanaṃ
vaśankari dhana varṣaya varṣaya svāhā|

Protection from enemies and unfavourable situations

krīṃ hlīṃ śatru vaśankarī sankaṭa hariṇī mama mātṛ hlīṃ dhūṃ vaṃ sarvāriṣṭaṃ nivāraya
nivāraya hum phaṭ svāhā

Total Mala Count for Siddhi

1400 Malas

Conclude with homam, tarpana, marjana, donation to Guru & charity to the needy.

Glories of Varahi

Iconography and Symbolism:

1. **Appearance:** Varahi is depicted with the face of a boar and the body of a woman. Her complexion is often described as dark or like molten gold, with lustrous dark brown hair. She has three eyes and eight arms.
2. **Attributes:** She holds various symbols and weapons, including a chakra, conch, lotus, noose, mace, plough, and makes the gestures (mudras) of abhaya (fearlessness) and varada (boon-giving).
3. **Vehicle:** Varahi is often depicted riding Garuda but can also be shown with other vehicles like a lion, tiger, elephant, horse, or buffalo.
4. **Ornaments:** She wears a crown and is adorned with ornaments made of coral. She also wears anklets.

Textual References:

1. **Markandeya Purana:** Praises Varahi as the giver of boons and the ruler of the northern direction.
2. **Tantraraja Tantra:** Describes her as golden in color and seated under the wish-fulfilling Kalpaka tree.
3. **Purva Aranyaka:** Depicts her holding a bow (Saranga-dhanush), plough, and pestle.
4. **Devi Purana:** Describes her role in the Raktabija episode, where she fights demons with her teeth.

Roles and Associations:

1. **Shakti of Vishnu:** Varahi is the power of Vishnu-incarnate Varaha.
2. **Sapta-Matrika Group:** Known as Panchami, representing the five elements.
3. **Sri Vidya Tradition:** Occupies a special position as a superior power and is the commander-general of the army of the goddess Tripurasundari.
4. **Buddhism:** Known as Vajra Varahi or Vajra Vairochani, seen as a major Dakini.

Meditation and Worship:

Varahi should be meditated upon with her powers and attendants. The color and vehicle she is depicted with can vary based on the goal of the sadhak (practitioner).
She is invoked for various purposes, including stopping and subduing enemies and seeking relief from difficult phases of life.

Additional Details:

In some texts, Varahi is identified as the shakti of Yama, the god of death. She is depicted as a commander in the Lalitopakhyana, riding a chariot drawn by 1,000 Varahas. Her cap of five skulls symbolizes her role as the lord of the five basic elements.

śrī guru caraṇārpaṇamastu

PART - 6

MATANGI

MATANGI SADHANA

Viniyoga

asya mantrasya dakṣiṇā mūrti ṛṣi virāṭ chandaḥ mātaṅgī devatā Hreem bījaṃ hūṃ śaktiḥ klīṃ kīlakaṃ sarveṣṭa siddhaye jape viniyogaḥ |

Rishyadi Nyas

1. ***om dakṣiṇāmūrtim ṛṣaye namaḥ*** | (Forehead)
2. ***virāṭ chandase namaḥ mukhe*** | (Mouth)
3. ***mātaṅgī devatāyai namo hṛdi*** | (Heart)
4. ***Hreem bījāya namo guhye*** | (Bottom of the spine)
5. ***hūṃ śaktaye namaḥ pādayoḥ*** | (Feet)
6. ***klīṃ kīlakāya namaḥ nābhau*** | (Abdomen)
7. ***viniyogāya namaḥ sarvāṅge*** | (Entire body)

Kara Nyasa

1. ***hrāṃ anguṣṭhābhyāṃ namaḥ*** | (Thumb)
2. ***Hreem tarjanībhyāṃ namaḥ*** | (Ring)
3. ***hruṃ madhyamābhyāṃ namaḥ*** | (Middle)
4. ***hraiṃ anāmikābhyāṃ namaḥ*** | (Index)
5. ***hrauṃ kaniṣṭikābhyāṃ namaḥ*** | (Little)
6. ***hraḥ karatala karapṛṣṭhābhyāṃ namaḥ*** | (Palms)

Hridyadi Nyasa

1. ***hrāṃ hṛdayā namaḥ*** | (Heart)
2. ***Hreem śirase svāhā*** | (Forehead)
3. ***hūṃ śikhāyai vaṣaṭ*** | (Crownhead)
4. ***haiṃ kavacāya huṃ*** | (Shoulders)
5. ***hraiṃ netratrayāya vauṣaṭ*** | (Eyes and third eye)
6. ***hraḥ astrāya phaṭ*** | (Snap fingers anticlockwise over your head)

Dhyan

śyāmāṅgīṃ śaśiśekharāṃ trinayanāṃ vedaiḥ karairbibhratīṃ,
pāśaṃ kheṭamathāṃkuśaṃ dṛḍhamasiṃ nāśāya bhaktadviṣām |
ratnālaṅkaraṇa prabhojjvala tanuṃ bhāsvatkirīṭāṃ śubhāṃ mātaṅgīṃ
manasā smarāmi sadayāṃ sarvārthasiddhipradām || 1 ||

Translate: *"I meditate upon Matangi, the dark-complexioned goddess adorned with the crescent moon, possessing three eyes, and holding various symbols and weapons in her hands. She carries a noose, shield, goad, and a strong sword to destroy the enemies of her devotees. Her body is radiant with brilliant jewels, and she wears a shining crown. She is auspicious, compassionate, and grants success in all endeavors."*

Mantra

Om Hreem klīṃ hūṃ mātangyai phaṭ svāhā

Total Mala Count for Siddhi

1400 Malas

Conclude with homam, tarpana, marjana, donation to Guru & charity to the needy.

Matangi Mahatmya (Glories of matangi)

1. **The Form and Significance of Matangi Devi -** Matangi Devi is the ninth of the ten Mahavidyas. She is considered the goddess of nature. Devi Matangi is known by several names, such as Sumukhi, Laghusyama, Shyamala, Raj-Matangi, Karna-Matangi, Chanda-Matangi, Vashya-Matangi, and Matangeshwari. Special worship and sadhana of Matangi Devi are performed on the ninth day of Gupta Navratri.

2. **Relationship between Shiva and Matangi -** Matang is one of the names of Lord Shiva, and his power is known as Matangi. Devi Matangi is depicted with a deep blue complexion. She is adorned with a crescent moon on her head and has three radiant eyes. The mother is seated on a jewel-studded throne. In her right hands, she holds a veena, a kapala (skull cup), and a rosary of gunja seeds, while in her left hands, she holds a sword and the Vedas. A parrot accompanies her, symbolizing speech and learning.

3. **Story of Juthan Bhog -** According to a legend, when Chandala women offered their leftover food to Devi Parvati during worship, the gods and Shivaganas became angry. However, Mother Parvati, seeing their devotion, assumed the form of Matangi and accepted the offering. Since then, she has been known by the name "Matangi".

4. **Goddess of Tantra and Arts -** Devi Matangi is revered as the goddess of tantra, speech, music, and arts. She is the power that destroys the influence of magic and sorcery. Worshipping her develops the power of speech, attraction, and immobilization in an individual. Her worship is also performed to enhance household life.

5. **Effect of Sadhana and Siddhi** - A person who practices the sadhana of Devi Matangi can gain the ability to control the world through their skills, arts, and music. This Mahavidya is also considered effective in attraction and enchantment. Worshipping the goddess with bel leaves adorned with palash and mallika flowers develops extraordinary attraction within the practitioner.

6. **Matangi Mantra and Its Significance -** The mantra "Om Hnim Ai Bhagavati Matangeshwari Shrim Svaha" is considered particularly powerful for the devotees of Devi Matangi. Chanting this mantra twelve times with a sphatika (crystal) rosary is believed to be auspicious and fruitful. The rules of this chant should be learned from a qualified guru.

7. **Matangi Devi and Buddhism -** Matangi Devi is considered the goddess of the indigenous people of India. She is also worshipped in Buddhism, where she is known as "Matagiri." Along with Tara Mahavidya, the worship of Matangi Devi is prevalent in Buddhist traditions.

8. **Matanga Rishi and His Descendants -** It is said that Matangi Devi was the daughter of Matanga Rishi, the guru of Hanumanji and Shabari. With his blessings, Mother Durga took birth in the form of a girl. Even today, the Matang community exists in states like Gujarat, Maharashtra, Karnataka, and Kerala. It is believed that the Matang, Meghwal, and Kirat communities are descendants of Matanga Rishi. The ashram of Matanga Rishi near Pampa Lake in Karnataka is famous as the birthplace of Hanumanji.

śrī guru caraṇārpaṇamastu

PART - 7

BHUVANESHWARI

BHUVANESHWARI SADHANA

Viniyoga

asya śrībhuvaneśvarī mantrasya śakti ṛṣih gāyatrīcchandah hakāro bījaṃ īkārah śaktih rephah kīlakaṃ śrībhuvaneśvarī devatā sarvarth siddhyarthe jape viniyogah

Rishiyadi Nyasa

1. ***Śakti ṛṣaye namaḥ śirasi*** (Forehead)
2. ***gāyatrī chhandase namaḥ mukhe*** (Mouth)
3. ***bhuvaneśvaryai devatāyai namaḥ hṛdi*** (Heart)
4. ***haṃ bījāya namaḥ guhye*** (Base of the spine)
5. ***īm śaktaye namaḥ pādayoḥ*** (Feet)
6. ***raṃ kīlakāya namaḥ nābhau*** (Abdomen)
7. ***viniyogāya namaḥ sarvāṅge*** (Entire body)

Kara Nyasa

1. ***hrāṃ aṅguṣṭhābhyāṃ namaḥ*** (Thumb)
2. ***Hreem tarjanībhyāṃ namaḥ*** (Index)
3. ***hrūṃ madhyamābhyāṃ namaḥ*** (Middle)
4. ***hraiṃ anāmikābhyāṃ namaḥ*** (Ring)
5. ***hrauṃ kaniṣṭhikābhyāṃ namaḥ*** (Little)
6. ***hraḥ karatala karapṛṣṭhābhyāṃ namaḥ*** (Palms)

Hridyadi Nyas

1. ***hrāṃ hṛdayāya namaḥ*** (Heart)
2. ***Hreem śirase svāhā*** (Forehead)
3. ***hrūṃ śikhāyai vaśaṭ*** (Crown head)
4. ***hraiṃ kavacāya huṃ*** (Shoulders)
5. ***hrauṃ netratrayāya vauṣaṭ*** (Two eyes & third eye)
6. ***hrah astrāya phaṭ*** (Snap fingers anticlockwise over your head)

Dhyan

udyaddinadyutimindukirīṭāṃ
tuṅgakucāṃ nayanatrayayuktām |
smeramukhīṃ varadāṅkuśapāśāṃ_
'bhītikarāṃ prabhaje bhuvaneśīm ||1||

Translation: *"I worship the goddess who is the ruler of the world, radiant like the rising sun, adorned with the crescent moon on her crown. She has three eyes and full, firm breasts, a smiling face, and holds a goad and a noose in her hands. She grants boons and blessings to her devotees."*

Mantra

Hreem

Total Mala Count for Siddhi

36000 Malas
Conclude with homam, tarpana, marjana, donation to Guru & charity to the needy.

Glories of Bhuvaneshwari

Iconography:

1. **Appearance:** Bhuvaneshwari is often depicted with a radiant golden or red complexion, symbolizing her association with the sun and the energy of creation.
2. **Eyes**: She has three eyes, representing her omniscience and ability to see beyond the ordinary realms of existence.
3. **Arms and Attributes:** She is often depicted with four hands, holding various symbols:
    a. A goad (ankusha) to guide and prod her devotees along the spiritual path.
    b. A noose (pasha) to bind and control desires and negative forces.
    c. A varada mudra, a gesture that grants boon to your devotees.
    d. An abhaya mudra, a gesture that grants fearlessness and protection.

Symbolism:

1. **Name:** Bhuvaneshwari means "the ruler of the universe." She embodies the entire cosmos and is the queen of all creation.
2. **Nurturing:** Bhuvaneshwari is associated with nurturing and sustaining the universe. She is the mother who provides for all beings.

Significance:

1. **Worship:** Bhuvaneshwari is worshipped for her ability to grant beauty, grace, and knowledge. Her devotees seek her blessings for a prosperous and fulfilling life.
2. **Mantra:** Her mantra is called shakti **pranava/mayabeeja/lajjabeeja** often chanted to invoke her presence and seek her blessings. It is believed to bring harmony, beauty, and order to one's life.
3. **Tantric Context:** In the Tantric tradition, **Bhuvaneshwari** is revered as the fourth of the Mahavidyas, embodying the beauty and splendor of creation. Her worship involves rituals and meditations aimed at invoking her blessings and powers.
4. **Knowledge:** She grants her devotees the knowledge and wisdom to understand the true nature of the universe and their place within it.
5. **Protection:** Bhuvaneshwari offers protection from the fears and anxieties of the world, guiding her devotees towards spiritual growth and enlightenment.

śrī guru caraṇārpaṇamastu

PART - 8

HOMAM

FIRE SACRIFICE RITUALS

Before starting the homa, take a moment to remember and honor Mother Earth, who nurtures all living beings. Meditate on Bhagavan Ganesha to remove any obstacles in your path. Then, recall your chosen deity, your parents, the sages of your lineage, and all your gurus. Finally, pray to all the deities to assist and bless your homam, ensuring its success and spiritual fulfillment.

Achaman (Purification by Drinking Water)

Recite the following mantras while drinking water three times:

1. ***om keśavāya svāhā***
2. ***om mādhavāya svāhā***
3. ***om nārāyaṇāya svāhā***

Prayer to Bhagavan Ganesha

While performing the homa, pray to Bhagavan Ganesha to remove all obstacles:

om vakratuṇḍa mahākāya sūryakoṭi samaprabha|
nirvighnaṃ kuru me deva sarvakāryeṣu sarvadā||

Kalash Sthapana (Establishment of the Sacred Pitcher)

Place water in a Pitcher and imagine that all the auspicious essences from various rivers in the world are entering the water in the vessel. Offer rice and flowers and purify the Pitcher by chanting the mantra **"*vaṃ varuṇāya namaḥ*"** eleven times.

Sprinkle water from the glass on yourself, the homa kund, and all the puja materials to purify them. Then, chant the following mantras and mentally bow to all the deities mentioned.

1. ***om brahmaṇe namaḥ***
   Salutations to Brahma, the deity of creation.
2. ***om yamāya namaḥ***
   Salutations to Yama, the deity of death.
3. ***om somāya namaḥ***
   Salutations to Soma, the deity of nourishment.
4. ***om rudrāya namaḥ***
   Salutations to Rudra, the deity of destruction.
5. ***om viṣṇave namaḥ***
   Salutations to Vishnu, the deity of preservation.
6. ***om iṃdrāya namaḥ***
   Salutations to Indra, the deity of rain and the king of gods.

Materials for Homa

1. 1 cup sesame seeds
2. 1/2 cup rice (raw or puffed)
3. 1/4 cup barley
4. 1/8 cup sugar (or brown sugar)

Mix all these with enough ghee so that all grains are well coated. You can also add dried fruits to this mixture.

Procedure

1. Place 6 pieces of wood in a hexagonal shape in the homa-kund.
2. Write the root letters (om, Hreem, hlīṃ, krīṃ, etc.) in the kund using vermilion.
3. Light a fire in the kund using some camphor or a burning wick.
4. Worship Agni (the fire god) by chanting the puja mantras and offering various oblations.

Worship of Agni

Offer flowers in the homa-kunda and provide a seat to Agni Dev, bowing to him while chanting the following mantra:

vaiśvānara namastestu havya vāhanā I
svāgatam te sura śreṣṭham śāntim te namastestute II

Translations: *Salutations to you, who are omnipresent, the best among the gods, and the bearer of the sacrificial offerings. We welcome you and bow to you. May you stay with us peacefully.*

Perform the following offerings while chanting "*om āgneya namaḥ*" (Salutations to Agni Dev):

1. ***āsanaṃ samarpayāmi*** (We offer you a seat.)
2. ***pādyaṃ samarpayāmi*** (We offer fragrant water to wash your feet.)
3. ***ācamanīyaṃ samarpayāmi*** (We offer water for mouth purification.)
4. ***arghyaṃ samarpayāmi*** (We offer fragrant water to wash your hands.)
5. ***snānīyaṃ samarpayāmi*** (We offer water for your bath.)
6. ***anga prokṣaṇa evaṃ vastraṃ samarpayāmi*** (We offer a towel and clean clothes.)
7. ***alankāram samarpayām*i** (We offer you ornaments.)
8. ***gandhaṃ samarpayāmi*** (We offer you fragrance.)
9. ***puṣpam samarpayāmi*** (We offer you flowers.)
10. ***dhūpam samarpayāmi*** (We offer you incense.)
11. ***dīpam samarpayāmi*** (We offer you a lamp.)
12. ***naivedyam samarpayāmi*** (We offer you food.)

Now, place one or more pieces of dry coconut (or a stick/branch/piece of firewood) on the burning camphor and ensure it catches fire, then chant the following mantras:

13. ***om āgneya namaḥ*** (Salutations to Agni Dev)
14. ***om agneya namaḥ I ūrdhva mukho bhava*** II (Salutations to Agni Dev. Let the flames rise upwards.)
15. ***om āgneya namaḥ I caitanya bhava II*** (Salutations to Agni Dev. Let the flames become conscious.)

Purification of Agni (Sanctification)

Offer 8 drops of ghee while chanting "*om bhūr bhuvaḥ suvaḥ svāh*ā". Now, sprinkle water around the homa-kunda to calm the presiding deities.

Dikpala Puja

Chant the mantras given below for the worship of the deities. Offer flowers and rice in all ten directions, moving clockwise (starting from East, Southeast, etc.). Place flowers at the edge of the homa-kunda. For Brahma, who is the lord of the upward direction, place the flower between the northeast and east.

For Shesha, who is the lord of the downward direction, place the flower between the southwest and west. Then, offer flowers to Agni Deva in the homa-kunda. Finally, touch your heart and mentally offer your soul.

1. ***om indrāya namaḥ ll***
   Salutations to Indra, the lord of the East direction.

2. ***om āgneya namaḥ ll***
   Salutations to Agni, the lord of the Southeast direction.

3. ***om yamāya namaḥ ll***
   Salutations to Yama, the lord of the South direction.

4. ***om naiṛtye namaḥ ll***
   Salutations to Nirrti, the lord of the Southwest direction.

5. ***om varuṇāya namaḥ ll***
   Salutations to Varuna, the lord of the West direction.

6. ***om vāyavye namaḥ ll***
   Salutations to Vayu, the lord of the Northwest direction.

7. ***om somāya namaḥ ll***
   Salutations to Soma, the lord of the North direction.

8. ***om īśānāya namaḥ ll***
   Salutations to Ishana, the lord of the Northeast direction.

9. ***om brahmaṇe namaḥ ll***
   Salutations to Brahma, the lord of the upward direction.

10. ***om seṣāya namaḥ ll***
    Salutations to Shesha, the lord of the downward direction.

11. ***om agneya namaḥ ll***
    Salutations to Agni Dev, the fire deity.

12. ***om ātmane namaḥ ll***

Salutations to the soul.

Initial Offerings

Offer only ghee into the fire in the homa-kund and chant the following mantras:

1. ***om prajāpataye svāhā | idaṃ prajāpataye na mama***
   Salutations to Prajapati, the progenitor of all beings. This offering is for Prajapati, not for me.

2. ***om indrāya svāhā | idaṃ indrāya na mama***
   Salutations to Indra. This offering is for Indra, not for me.

3. ***om āgneya svāhā | idaṃ āgneya na mama***
   Salutations to the lord of fire. This offering is for Agni Dev, not for me.

4. ***om somāya svāhā | idaṃ somāya na mama***
   Salutations to the lord of nourishment. This offering is for Soma, not for me.

5. ***om bhūḥ svāhā | idaṃ āgneya na mama***
   Salutations to the earth. This offering is for bhuvah, not for me.

6. ***om bhuvaḥ svāhā | idaṃ vāyave na mama***
   Salutations to the bhuvarloka. This offering is for Vayu, not for me.

7. ***om suvaḥ svāhā | idaṃ sūryāya na mama***
   Salutations to the swargloka. This offering is for swargaloka, not for me.

Invocation of Ganesha, Guru, Bhairava, and Ten Mahavidyas

Meditate and invite these deities to preside over the Homa and accept your offerings. Mentally offer them flowers, rice, vermilion, incense, lamps, and heartfelt prayers. Then, offer oblations with the following mantras.

1. ***om gaṃ gaṇapataye namaḥ, svāhā***
   Salutations to Ganapati with the seed syllable 'gaṃ'. We offer you oblations.

2. ***om parama tattvāya nārāyaṇāya gurubhyo namaḥ, svāhā***
   Salutations to Narayana, the supreme reality in the form of the Guru. We offer you oblations.

3. ***om trim trim trijaṭāya namaḥ, svāhā***
   Salutations to Guru Trijata with the seed syllable 'trim'. We offer you oblations.

4. ***om krīṃ krīṃ bhūtanāthāya namaḥ, svāhā***
   Salutations to Guru Bhutnath with the seed syllable 'krīṃ'. We offer you oblations.

5. ***om hlīm divya cetanānandāya hlīm namaḥ, svāhā***
   Salutations to Guru Divya Chetanananda with the seed syllable 'hlīm'. We offer you oblations.

6. ***Om kleem lalitasharana smitambikaye kleem om swaha***
   Salutations to Lalita Sharana Smitamba with the seed syllable 'hlīm'. We offer you oblations.

Subsequent Offerings

1. ***om parama tattvāya nārāyaṇāya gurubhyo namaḥ, svāhā | idaṃ guruve na mama***
   Salutations to Narayana as the Guru. This oblation is for the Guru, not for me.

2. ***om viṣṇave svāhā | idaṃ viṣṇave na mama***
   Salutations to Vishnu, the preserver. This oblation is for Vishnu, not for me.

3. ***om śambhave svāhā | idaṃ śambhave na mama***
   Salutations to Shambhu, the destroyer. This oblation is for Shambhu, not for me.

4. ***om lakṣmaye svāhā | idaṃ lakṣmīye na mama***
   Salutations to Lakshmi, the goddess of prosperity. This oblation is for Lakshmi, not for me.

5. ***om sarasvatyai svāhā | idaṃ sarasvatyai na mama***
   Salutations to Saraswati, the goddess of knowledge. This oblation is for Saraswati, not for me.

6. ***om bhūmyai svāhā | idaṃ bhūmyai na mama***
   Salutations to Bhumi, the goddess of earth. This oblation is for Bhumi, not for me.

7. ***om sūryāya svāhā | idaṃ sūryāya na mama***
   Salutations to Surya, the Sun god. This oblation is for Surya, not for me.

8. ***om candramase svāhā | idaṃ candramase na mama***
   Salutations to Chandra, the Moon god. This oblation is for Chandra, not for me.

9. ***om bhaumāya svāhā | idaṃ bhaumāya na mama***
   Salutations to Bhauma, the deity of Mars. This oblation is for Bhauma, not for me.

10. ***om budhāya svāhā | idaṃ budhāya na mama***
    Salutations to Budha, the deity of Mercury. This oblation is for Budha, not for me.

11. ***om bṛhaspataye svāhā | idaṃ bṛhaspataye na mama***
    Salutations to Brihaspati, the deity of Jupiter. This oblation is for Brihaspati, not for me.

12. ***om śukrāya svāhā | idaṃ śukrāya na mama***
    Salutations to Shukra, the deity of Venus. This oblation is for Shukra, not for me.

13. ***om śanaiścarāya svāhā | idaṃ śanaiścarāya na mama***
Salutations to Shani, the deity of Saturn. This oblation is for Shani, not for me.

14. ***om bhairavāya svāhā | idaṃ bhairavāya na mama***
Salutations to Bhairava, the lord of punishment. This oblation is for Bhairava, not for me.

15. ***om rāhave svāhā | idaṃ rāhave na mama***
Salutations to Rahu, the deity of the north lunar node. This oblation is for Rahu, not for me.

16. ***om ketave svāhā | idaṃ ketave na mama***
Salutations to Ketu, the deity of the south lunar node. This oblation is for Ketu, not for me.

17. ***om vyuṣṭaye svāhā | idaṃ vyuṣṭaye na mama***
Salutations to Vyushti, the deity of dawn. This oblation is for Vyushti, not for me.

18. ***om ugrāya svāhā | idaṃ ugrāya na mama***
Salutations to Ugra, the fierce deity. This oblation is for Ugra, not for me.

19. ***om śatakratave svāhā | idaṃ śatakratave na mama***
Salutations to Shatakratu, the energy pervasive in all good deeds. This oblation is for Shatakratu, not for me.

20. ***om varuṇāya svāhā | idaṃ varuṇāya na mama***
Salutations to Varuna, the deity of water. This oblation is for Varuna, not for me.

21. ***om sthāna devatābhyo namaḥ, svāhā***
Salutations to the deities of this place. We offer you oblations.

22. ***om kula devatābhyo namaḥ, svāhā***
Salutations to the family deities. We offer you oblations.

23. ***om grāma devatābhyo namaḥ, svāhā***
Salutations to the deities of this village. We offer you oblations.

24. ***om dash dikpālebhyo namaḥ, svāhā***
Salutations to the deities of the ten directions. We offer you oblations.

Offering to the Ten Mahavidyas

Chant the mantra for each goddess 11, 21, 51, or 108 times to offer oblations to all the Mahavidyas. If the practitioner is performing a specific Mahavidya Sadhana, they should offer 1/10th of the total number of chanted mantras into the fire. For example, if the practitioner has chanted 125,000 times as part of their sadhana,

1. They should offer 12,500 oblations (1/10th of 125,000) into the fire. This can be done over several days. A fixed number of oblations should be offered daily, or the number can be gradually increased until all oblations for that specific sadhana are completed.

2. This should be concluded with Tarpana and Marjana. Tarpana is done by offering water to the deities in the amount equal to 1/10th of the total number of fire oblations (e.g., 1/10th of 12,500 fire oblations = 1,250 Tarpana).
3. Marjana involves sprinkling water on the crown of the head. The total number of Marjana is 1/10th of Tarpana (e.g., 1/10th of 1,250 Tarpana = 125 Marjana).
4. After offering fire oblations, seek blessings from the Guru and offer them fruits, flowers, and gifts. Donations should also be made to temples, priests, and the needy.

Mantras for the Ten Mahavidyas:

Kali Mantra

1. ***krīṃ krīṃ krīṃ Hreem Hreem huṃ huṃ dakṣiṇe kālīke krīṃ krīṃ krīṃ Hreem Hreem huṃ huṃ svāhā***
2. **Alternatively: *krīṃ krīṃ kāliyae krīṃ krīṃ svāhā***
3. **Alternatively: *mayabeej kamabeej vagbeej shyamakaliyae svāhā***

Tara Mantra

1. ***aiṃ om Hreem strīṃ huṃ phaṭa***

Shodashi Tripura Sundari Mantra

1. ***Hreem ka ai ī la Hreem ha sa ka ha la Hreem sa ka la Hreem***
2. ***aiṃ klīṃ sauḥ***

Bhuvaneshwari Mantra

1. ***Hreem***

Chhinnamasta Mantra

1. ***śrīṃ Hreem klīṃ aiṃ vajra vairocaniye huṃ huṃ phaṭa svāhā***

Tripura Bhairavi Mantra

1. ***hasaiṃ hsakrīṃ hāsaiṃ***

Dhumavati Mantra

1. ***dhūm dhūm dhūmāvatī ṭhaḥ ṭhaḥ***

Baglamukhi Mantra

1. ***om hlīṃ bagalāmukhī sarvaduṣṭānāṃ vācaṃ mukhaṃ padaṃ stambhaya| jihvāṃ kīlaya buddhiṃ vināśaya hlīṃ om svāhā***
2. **Alternatively: *om hlīṃ bagale parameśvarī hlīṃ om svāhā***

Matangi Mantra

1. ***om Hreem klīṃ hum mātangyae phaṭ svāhā***

Kamala Mantra

1. ***om aiṃ Hreem śrīṃ klīṃ hasauṃ jagata prasūtāye namaḥ***

Offering Rice

Now, we need to offer the sacrifice. Take cooked white rice (or pieces of banana, other fruit pieces, or raisins). Place a small amount of the offering in the form of a monetary donation (Dakshina).

You need to place the offering at six different spots outside the **Homa Kunda**. First, place it in the east of the Homa Kunda. Then in the west, followed by the north, then the south, and finally two more in the east (a little north of the previous offerings in the east). The order and placement can be seen in the diagram below. While offering at the six places, you may recite the following mantra:

om pārśadebhyo namaḥ | baliṃ samarpayāmi|

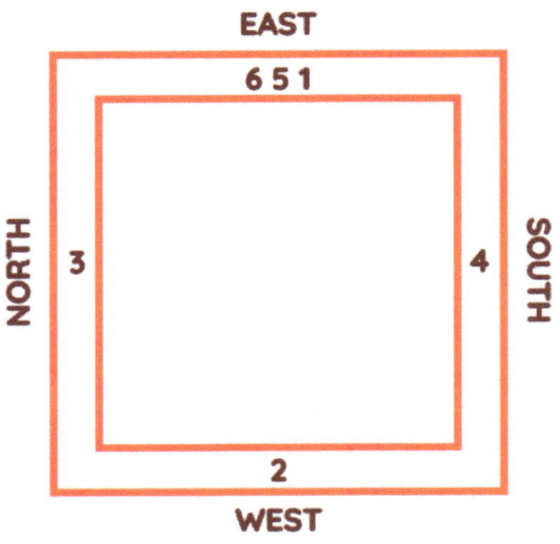

After offering, discard the remaining rice and do not consume it.

Final Offering: Completion of Homam

For the final offering, take a whole round coconut, which symbolizes our ego. Completely coat it with ghee. Express your wishes from your heart, pray, and offer yourself entirely to all the Gurus and deities present as the sacred fire. Recite the following:

om pūrṇamadaḥ pūrṇamidaṃ pūrṇāt pūrṇam udacyate|
pūrṇasya pūrṇamādāya pūrṇam evā va śiṣyate||

Translation: *The meaning is that Brahman is infinite; the infinite universe emanates from and merges into the infinite Brahman. Brahman remains unchanged. Offer the coconut into the sacred fire.*

Conclusion and Meditation:

To cool the area, sprinkle water around the Homa Kunda. Then, sit and meditate on the flames, envisioning your deity or Guru within them. Focus on their presence and vibrations, allowing yourself to unite with the divine through the sacred fire. This is the most powerful time to receive their blessings and spiritual energy.

Meditate for at least 5–10 minutes, or longer if possible.

Next, circumambulate the Homa Kunda three times and apply some of the ashes to your forehead as a sacred mark. Allow the fire to extinguish naturally. If needed, you may sprinkle milk to put out the fire, but avoid using water, as it may cause the flames to flare up.

Completing the Homam

Bow to the Fire Deity. Imagine that the deity has left the form of fire and is now situated in your heart. Ask for forgiveness for any mistakes made during the Homa. Dedicate all the results of your actions to Narayana.

kāyena vācā manasendriyairvā|
buddhyātmanā vā prakṛtisvabhāvāt|
karomi yadyatsakalaṃ parasmai|
nārāyaṇayeti samarpayāmi ||

mantra hīnaṃ kriyā hīnaṃ bhakti hīnaṃ sureśvarī
yata pūjitaṃ māyā devī parī pūrṇaṃ tadastu me|
om śānti śānti śāntiḥ ||

śrī guru caraṇārpaṇamastu

DAILY WORSHIP RITUALS (MANTRAS ONLY)

Guru and Ganesha Invocation

"Om Gum Gurubhyo Namah".
"Om Gum Ganapataye Namah"

Purification Mantra

Om apavitro pavitro vā sarva āvasthāna gato api vā
yaḥ smareta punḍarīk ākṣa sarva bāhya abhyantara śucih

Shikha Bandhan

Om maṇidhāriṇi vajriṇī mahā pratisare
rakṣa rakṣa huṃ phaṭ svāhā

Applying Bhasma (Ashes)

Om tryambakam yajāmahe sugandhim puṣṭi vardhanam|
urvarukmiva bandhanān mṛtyor mukṣīya māmṛtāt||

Self-purification with water:

aiṃ ātma tattva śodhayāmi svāhā	First Achaman
Hreem vidya tattva śodhayāmi svāhā	Second Achaman
klīṃ śiva tattva śodhayāmi svāhā	Third Achaman
aiṃ Hreem klīṃ sarva tattva śodhayāmī svāhā	Fourth Achaman

Worship of Mother Earth

Om hreem aadhaara shaktaye namah

Worship of Asana (Seat)

Om āḥ surekhe vajre rekhe huṃ phaṭ svāhā
Om kṣetrapālāya namaḥ

Nyasa- ***Om pṛthvī tyāsana mantrasya merupṛṣṭha ṛṣiḥ. sutalaṃ chandaḥ kūrmo devatā. āsane viniyogaḥ***

Om pṛthvī tvayā dhṛtā lokā
devi tvaṃ viṣṇunām dhṛtā
tvam ca dhāraya mām devi
nityaṃ pavitram kuru cāsanaṃ

1. ***Om kurmāya namah***

2. *Om anantāya namah*
3. *Om vimalāya namah*
4. *Om yogapeethāya namah*

Worship of Guru lineage:

1. *Om guṃ gurubhyo namaḥ*
2. *Om paṃ parama gurubhyo namaḥ*
3. *Om paṃ parātpara gurubhyo namaḥ*
4. *Om paṃ parameṣṭhi gurubhyo namaḥ*
5. *Om paṃ parāpara gurubhyo namaḥ*
6. *Om siddhāśramāya namaḥ*
7. *Om siddhāśramasya sarva ṛṣibhyo namaḥ*

Kalash Sthapana

vaṃ varuṇāya namaḥ
om Hreem sāmānya arghya sthāpayāmi

om brahmāṇḍopari tīrthāni karaiḥ spṛṣṭhāni te rave
tena satyena me deva tīrtham dehi divākara||

om gange ca yamane caiva godāvari sarasvati|
Naramade sindhu kāveri jale asmin sannidhim kuru ||

1. *om purve ṛgvedāya namaḥ*
2. *om uttare yajur vedāya namaḥ*
3. *om dakṣiṇe sāma vedāya namaḥ|*
4. *om paścime atharva vedāya namaḥ*

Purification of Flowers

om puṣpe puṣpe mahā puṣpe supuṣpe puṣpa
saṃbhave puṣpa cayāvikarṇe hum phaṭ svāhā

Establishment of Shankha (Conch)

Place a conch shell near the water vessel. Worship it with sindoor, flowers, and rice.

Ringing the Bell:

Āgama arthaṃ tu devānāṃ gamana ārthaṃ rākṣasama|
ghaṇṭā nādama prakurvita pāścāda ghaṇṭā prapūjyet ||

Worship of Digpāla (Guardians of ten directions)

Om indrādi dikpālebhyo namaḥ

Worship of the Dvārapāla (Guardians of the temple)

Om gaṇeś ādi dvārapālebhyo namaḥ

Mantra for seeking forgiveness

Om devī tvat prakṛti chintam pāpākrāntam bhūnama
tannissarantu chintānme pāpaṃ huṃ phaṭa ca te namaḥ

Mantra for purification of body, mind and speech

aḥ huṃ phaṭ svāha

Lamp Offering

daṃ dīpanāthāya namaḥ

Salutations to the witness deities

sūryaḥ somo yamaḥ kālo mahā bhūtāni pañcaca
ete śubhāśubha syeḥ karmaṇo bhava sakṣiṇaḥ

Om sarva vighna anutsarāya huṃ phaṭ svāhā

OR

Om apasarpantu te bhūtā ye bhūtā bhūmi samasthitā: ye bhūtā vighna kartāras te naśyantu śivaājñāyā

Circle of Fire

Imagine that you are sitting in a circle of fire and simultaneously chant the basic syllable ***"Ram" "Ram"***.

Soul Protection:

Om durge rakṣiṇī huṃ huṃ phaṭ svāhā

Prayer to Bhagavan Ganesha to remove obstacles

Om sarva vighna haratasmai śrī gaṇādhipataye namaḥ

Prayer to the Nine Planets:

brahmā murāri tripurāntakāriḥ
bhānuḥ śaśiḥ bhūmisuto buddhaśca
guruśca śukraḥ śani rāhu ketavaḥ
sarve grahān śāntikaraṇabhavantu

Prayer to Vastu-Purusha (Guardian of the land):

Om vāstu puruṣāya namaḥ

Prayer to Bhairava

tīkṣṇa danta mahākāya kalpānta dahanopama
bhairavāya namastubhyam anugyam dātumarhasi

Sankalpa Mantra:

mamopāta samasta duritākṣaya dvāra, śrī parameśvara prīthyārtham, śrī devīprasāda siddhyārtham, asmākam sakuṭumbakam, kṣemasya, dhīryasya, dhairya, vijayā, āyuh, ārogya, aiśvarya, abhivṛddhi arthaṃ, manobhiṣṭa kāmya arthaṃ, siddhi arthaṃ, mantra japaṃ, aham kariśye

śrī guru caraṇārpaṇamastu

DAILY SADHANA (MANTRAS ONLY)

Ganesha Mantra:

Om gaṃ gaṇapataye namaḥ

Guru Mantra:

1. *Om parama tattvāya nārāyaṇāya gurubhyo namaḥ*
2. *Om treem treem trijaṭāya namaḥ*
3. *Om kreeṃ kreeṃ bhūtanāthāya namaḥ*
4. *Om hleem divya cetanānandāya hleem Om svāhā*
5. *kleem lalitasharana smitambikaye kleem swaha*

Bhairav Mantra:

Om Hreem bhaṃ bhairavāya namah

Gayatri Mantra:

Om bhūr bhuvaḥ svaḥ tat savituḥ vareṇyam
bhargo devasya dhīmahi dhiyo yonaḥ pracodayāt

Chetna Mantra:

Om Hreem mama prāṇa deha roma pratiroma
caitanya jāgraya Hreem Om namaḥ|

Amrita Mantra:

Om ātmaprāṇa caitanya pūrṇatva siddhim
aieng hreem shreem namaḥ

Shanti Mantra:

sarva bādhā vinirmukto dhana dhānya sutānvitaḥ
manuṣyo mata prasādena bhaviṣyati na sanśayaḥ

Tejas Mantra

Om Hreem huṃ huṃ tejase huṃ huṃ Hreem Om phaṭ

Kayakalp Mantra

Om mama samasta deha roma antarbāhya jāgraya kāyākalpāya phaṭ

Prayashchit Mantra

Om bhutāya tvāṃ deha prāyaścitama
parimārjanama deha bhutāya phaṭ

Seeking forgiveness

āvāhanaṃ na jānāmi na jānāmi visarjanam|
pūjāṃ caiva na jānāmi kṣamyatāṃ parameśvari||

mantrahīnaṃ kriyāhīnaṃ bhaktihīnaṃ sureśvari|
yatpūjitaṃ mayā devi paripūrṇaṃ tadastu me||

yadakṣara pada bhraṣṭaṃ mātṛhīnaṃ tu yadbhavet|
tatsarvaṃ kṣamyatāṃ devī nārāyaṇī namostute||

visarga bindumātrāṇi padapādakṣarāṇi ca|
nyūnānī cātirika-tāni kṣamaśva parameśvarī ||

anyathā śaraṇaṃ nasti tvameva śaraṇaṃ mama
tasmāt kāruṇya bhāvena rakṣa rakṣa maheśvari ||

kāyena vācā manase indriyairvā
buddhi-ātmanā vā prākṛteḥ svabhāvāt||

karomi yad-yat-sakalaṃ parasmai
nārāyaṇāyeti samarpayāmi ||

śrī guru caraṇārpaṇamastu

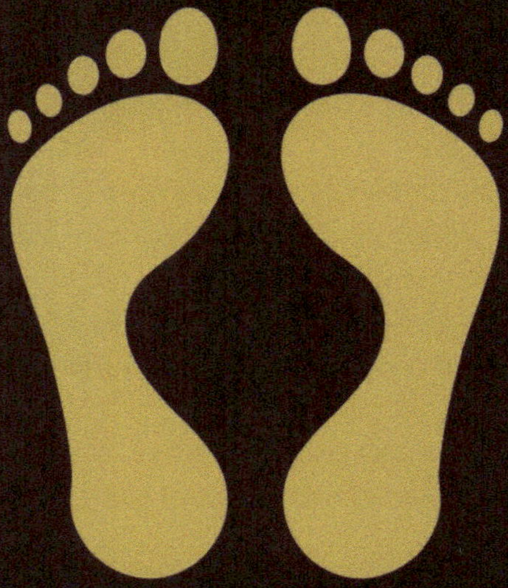

śrī guru caraṇārpaṇamastu

ॐ asato mā sadgamaya |
tamaso mā jyotirgamaya |
mṛtyormā amṛtaṃ gamaya |
ॐ śāntiḥ śāntiḥ śāntiḥ ||

SMITA VENKATESH

SV

smitavenkatesh.com smitavenkatesh108.gmail.com smitavenkatesh.108

www.ingramcontent.com/pod-product-compliance
Lightning Source LLC
LaVergne TN
LVHW070538070526
838199LV00076B/6805
* 9 7 8 9 3 7 0 1 8 8 3 4 1 *